ADRESSE

AUX

NATIONS CIVILISÉES

SUR LEUR

SINISTRE DÉSORDRE RÉVOLUTIONNAIRE;

COMME SUITE

DE LA

RÉFORME DU SAVOIR HUMAIN.

PAR HOENÉ WRONSKI.

id="1"

A PARIS,

DE L'IMPRIMERIE DE FIRMIN DIDOT FRÈRES,

RUE JACOB, N° 56,

AU BUREAU DU MESSIANISME,

RUE PARADIS-POISSONNIÈRE, N° 35.

15 Août — 1848.

ADRESSE

AUX

NATIONS CIVILISÉES

SUR CE.UE

SINISTRE DÉSORDRE RÉVOLUTIONNAIRE :

COMME SUITE

DE LA

RÉFORME DU SAVOIR HUMAIN.

PAR HOENÉ WRONSKI.

A PARIS,

DE L'IMPRIMERIE DE FIRMIN DIDOT FRÈRES,

RUE JACOB, N° 56,

AU BUREAU DU MESSIANISME,

RUE PARADIS-POISSONNIÈRE, N° 32

15 Août — 1848.

Les ouvrages mathématiques de l'auteur sont indiqués au revers du titre du tome I de la *Réforme absolue du Savoir humain*, c'est-à-dire, au revers du titre de la *Réforme des Mathématiques*; et les ouvrages philosophiques de l'auteur sont indiqués au revers du titre du tome II de cette *Réforme du Savoir humain*, c'est-à-dire, au revers du titre de la *Réforme de la Philosophie*.

AU GÉNÉRAL CAVAIGNAC,

CHEF DU POUVOIR EXÉCUTIF EN FRANCE.

GÉNÉRAL,

Vous avez dit au président d'une haute académie que l'épée ne suffit pas pour vaincre le mal qui domine la société, et qu'il faut y concourir en répandant des idées salutaires parmi le peuple.

Et si la confusion intellectuelle qui égare le peuple, dominait dans toutes les classes de la société ; et si c'était précisément des classes supérieures que cette confusion des idées se répandait dans les classes inférieures ! — Qui donc alors pourrait éclairer le peuple ?

Lisez, Général, je vous en supplie, la présente Adresse aux Nations civilisées. Et vous reconnaîtrez qu'au milieu de cette universelle confusion des idées, on ne saurait vaincre le mal qui domine la société, par aucun des moyens intellectuels qui sont aujourd'hui au pouvoir des peuples civilisés. — Il ne vous restera donc que cette épée dont vous avez d'avance reconnu également l'impuissance actuelle.

Qui êtes-vous donc, me demanderez-vous peut-être, vous qui, dans cet écrit, cherchez à m'effrayer ainsi ? — Un homme isolé et inconnu au monde, un homme qui, sur l'appel du Directoire, est venu en France pour combattre contre les ennemis de la liberté, et qui surtout, pour amener progressivement la découverte de la vérité, depuis un demi-siècle qu'il habite la France, y a produit de nombreux ouvrages, scientifiques et philosophiques, qui tous y ont été anéantis par l'influence des corps savants (*). Enfin, un homme inconnu qui produit actuellement, comme résultat final de ses ouvrages antérieurs, la *Réforme du Savoir humain*, laquelle, si elle n'est pas anéantie de même, paraît destinée à fonder péremptoirement la vérité sur la terre.

_____

(*) Pour explication, voyez, dans le tome III de la *Réforme du Savoir humain*, à la suite de la page 136, le Manifeste historique, et en tête de ce tome III, la lettre à M. Arago, membre du Gouvernement provisoire.

Vous direz sans doute, Général, que tout cela n'est pas croyable. — Néanmoins, je dois vous prier de me permettre de vous dire encore quelque chose, qui sera bien moins croyable, et qui cependant sera aussi vrai et aussi réel que tout ce que je viens d'avoir l'honneur de vous dire.

En admettant, ce qui est un fait, que, dans l'état actuel des lumières de l'humanité, on ne connaît, ni le principe des choses, ni leur fin, nommément que, pour ce qui concerne l'homme, on ne connaît encore, ni les conditions absolues de son existence, ni surtout son but final sur la terre, en admettant, dis-je, cette notoire ignorance universelle, il est manifeste qu'avec les plus nobles intentions, on doit faire de très-graves erreurs dans la constitution des États. Et l'on conçoit facilement, même à priori, que, dans une telle ignorance universelle, le principe de ces inévitables et dangereuses erreurs constitutionnelles doit consister, non-seulement en ce que l'on ne connaît pas le BUT SUPRÊME et les LOIS FONDAMENTALES des États, mais surtout en ce que l'on ne se doute même pas encore qu'il existe un pareil but et de pareilles lois. — Eh bien, ce qui passe toute croyance, c'est que, lors même qu'on saurait, à peu près avec certitude, qu'il suffit de le demander, pour obtenir cette haute et salutaire connaissance, et pour éviter par là les périlleuses erreurs constitutionnelles qui tendent sans cesse à renverser les États, par exemple, l'alternative entre la misère du peuple et la ruine des propriétaires, cet idéal socialistique de l'actuelle révolution française, lors même, dis-je, qu'il suffirait ainsi de le demander, ce qui est vraiment incroyable, c'est qu'il ne se trouvera probablement personne qui fera cette décisive demande. — Et par là vous pourrez, Général, surtout comme Chef du Gouvernement, juger de la vérité et de la réalité de ce que j'ai eu l'honneur de vous dire plus haut, et qui paraît également incroyable.

Mais, quand même tout cela devrait réellement demeurer incroyable pour vous, je suis convaincu, Général, que vous croirez au moins à ma gratitude et à mon dévouement envers la France. — En effet, pour ce qui concerne ma reconnaissance de l'hospitalité que j'ai reçue dans ce pays, veuillez remarquer que l'ouvrage que je viens de publier sous le titre de *Réforme absolue du savoir humain*, et que je prends la liberté de vous présenter ci-joint, est notoirement, comme je viens de le dire, le résultat final de tous mes travaux, scientifiques et philosophiques; et qu'il constitue conséquemment, du moins à mes yeux, le fruit de mon existence dans le monde, c'est-à-dire, la petite part de bien que j'apporte à la terre et que je lègue ainsi à la postérité. Eh bien, en tête de cet ouvrage, si décisif pour moi, j'ai inscrit les mots que voici : « *Cette Réforme du Savoir humain est dédiée à la France, comme marque de gratitude pour la longue hospitalité que l'auteur a reçue dans ce noble pays.* » — Et pour ce qui concerne mon dévouement à l'humanité, spécialement à la France, je vous prie, Général, de remarquer également que les réformes, surtout les réformes du savoir humain, rencontrent constamment, comme l'atteste l'histoire, d'immenses obstacles, au point que leurs auteurs payent souvent de leur vie la mission qu'ils ont d'apporter aux hommes la vérité. Je n'ai pas encore payé si chèrement ma mission, mais je l'ai déjà achetée par la misère, du moins par la privation des biens terrestres. On conçoit en effet qu'après que l'empirique philosophie anglaise remplaça en France sa rationnelle philosophie cartésienne, et lorsqu'un grossier matérialisme, sous le nom de philosophie moderne, se répandit ainsi dans ce spirituel pays, et pénétra jusque dans le sanctuaire des sciences, où il parvint à chasser, même des mathématiques, toutes les idées absolues, nommément l'idée de l'infini, on ne pouvait ramener la vérité en France, dans ce pays que j'avais adopté pour ma nouvelle patrie, on ne le pouvait, dis-je, qu'en frappant d'abord, dans les sommités scientifiques, ces dangereuses erreurs; et l'on conçoit alors de plus que les hommes qui, au nom de ces erreurs, dominaient la société, et la dominent encore aujourd'hui, durent employer leur puissante autorité scientifique pour anéantir tous mes efforts. J'en fus nécessairement la victime, mais j'ai rempli un devoir sacré; et je ne regrette de tous mes sacrifices que la peine que, pour le triomphe de la vérité, je fus forcé de faire à quelques hommes célèbres, en repoussant leur trop dangereuse influence. J'espère qu'aujourd'hui où, malgré ces immenses obstacles, je suis enfin parvenu à mon but, à ce but que peut-être la Providence ne laissera plus renverser, les hommes dont j'ai dû repousser ainsi l'influence, me le pardonneront en vue de ce grand but, dont ils ont retardé la réalisation pendant trente années, et que je n'aurais certainement pu atteindre sans de pareils sacrifices, en quelque sorte surhumains.

Peut-être aussi, car il faut tout prévoir, ces mêmes hommes, pour continuer à dominer la société par leur dangereuse autorité scientifi-

que, ne voudront-ils pas, devant le public, auquel ils ont le privilège
d'imposer leurs erreurs, avouer les vérités supérieures que leur apporte
l'actuelle réforme du savoir humain; peut-être même oseront-ils nier,
devant le public, qui est ainsi sous leur tutelle, la solution des grands
problèmes, scientifiques et philosophiques, que cette réforme absolue
donne enfin de la manière la plus complète et la plus positive! — Et
cependant si, aux yeux de tout homme qui aura étudié et approfondi la
présente réforme du savoir humain, surtout aux yeux de la postérité,
dans le cas où la Providence lui laisserait parvenir ces ouvrages, il
était vrai que cette réforme absolue, non-seulement donnât la solution
de ces problèmes, mais remplît même complètement le grand objet
qu'elle s'est proposé, cet objet qu'elle a annoncé publiquement, et
qui, pour que le public ne le perde pas de vue, se trouve encore reproduit dans le présent écrit, en termes précis que je ne cesse de signaler, savoir :

> « l'objet de cette réforme du savoir humain, est de fonder
> « péremptoirement la vérité sur la terre, de réaliser ainsi la
> « philosophie absolue, d'accomplir la religion, de réformer les
> « sciences, d'expliquer l'histoire, de découvrir le but suprême
> « des États, de fixer les fins absolues de l'homme, et de dévoi-
> « ler les destinées des nations »;

s'il était vrai, dis-je, que cet objet final du savoir de l'homme se
trouvât réellement, en toutes ses parties, accompli dans la présente
réforme dont il s'agit, que faudrait-il penser de la susdite opposition
officielle des hommes qui sont institués et payés, sinon pour découvrir
eux-mêmes la vérité, du moins pour protéger et avancer ainsi cette
découverte, si décisive pour le salut de l'humanité? — Il faudrait penser, car cela serait prouvé actuellement, qu'une telle institution privi-
légiée, qui est pour le moins anti-républicaine, est éminemment dangereuse pour les progrès et le triomphe de la vérité sur la terre. Et il
faudrait, même au péril de la vie, pour sauver le monde, se résigner
à ce destructif désordre privilégié, ainsi que, pour donner l'exemple, je
l'ai fait effectivement, avec la conviction que la Providence ne laissera
pas périr les vérités utiles à l'humanité, comme l'atteste déjà suffisamment l'histoire tout entière de l'établissement progressif de la vérité sur
notre globe.

A propos de ces vérités utiles, permettez-moi, Général, de vous
donner une dernière preuve de mon dévouement à la France. — Vous

êtes le premier, parmi les hommes publics, qui avez reconnu la nécessité des moyens intellectuels pour dompter complétement l'actuel désordre révolutionnaire, surtout le sinistre désordre que provoquent les sectes socialistiques. Et depuis ce temps, les discussions de l'Assemblée nationale sur le droit au travail, paraissent avoir prouvé, à ce que l'on dit dans un journal (la *Patrie* du 16 septembre), que ce difficile problème, qui peut amener de graves insurrections, n'est pas encore résolu. — Eh bien, malgré le danger qu'il y a de se mêler publiquement de cette ardente question, au milieu d'hommes exaspérés par la misère et par de fausses notions politiques, j'offre, dans l'écrit présent, de donner sa solution rigoureuse, même sa solution tout à fait mathématique, et telle que, contre toute attente, il en résulte, tout à la fois, et pour les propriétaires, la parfaite garantie de tous leurs droits, et pour les ouvriers, la cessation définitive de leur longue misère. Seulement, pour ne pas m'immiscer dans de flagrantes questions politiques, pour lesquelles je n'ai aucune mission publique, je me bornerai, dans cet écrit, à prouver que la solution dont il s'agit, est entièrement en mon pouvoir, ou plutôt au pouvoir des vérités supérieures que produit la présente réforme du savoir humain; et j'attendrai que je sois appelé à donner définitivement cette décisive solution, de laquelle dépend aujourd'hui la consolidation de l'ordre public.

Je suis d'ailleurs et toujours, par suite de ces principes, avec respect et soumission envers l'autorité,

GÉNÉRAL,

Votre très-humble et très-obéissant serviteur,

Signé : HOËNÉ WRONSKI.

Paris, le 15 août 1848.

AVIS.

La nouvelle doctrine, qui est invoquée dans la présente Adresse, et qui offre l'union totale de la philosophie et de la religion, en constituant ainsi, tout à la fois, la philosophie absolue et la religion absolue, et portant pour cela, d'après sa haute étymologie, le nom de *Messianisme*, a commencé à être produite, sous ce nom, déjà en 1831, et fut même précédée, en 1817, par une espèce d'introduction, dans les opuscules intitulés le *Sphinx*. Cette date historique est confirmée dans la 8ᵉ. édition du dictionnaire de Boiste, sous le mot de *Messianisme*. — Or, prévoyant les hauts résultats, scientifiques et philosophiques, surtout politiques et religieux, de cette doctrine absolue, la bande mystérieuse qui gouverne le monde, et que nous avons déjà signalée suffisamment dans nos ouvrages, chercha sans cesse à empêcher, par tous les moyens, la production de ces hautes vérités, déjà depuis l'époque de 1817, où furent publiés les susdits opuscules, le *Sphinx*. Enfin, pour faire entièrement méconnaître cette doctrine du Messianisme, la bande provoqua récemment, sous ce nom sacré de Messianisme, la production d'une prétendue doctrine, aussi ignare qu'immorale, et installa l'enseignement public de cette doctrine anti-religieuse, dans une haute institution nationale, afin d'attirer sur ce nom de Messianisme, la réprobation universelle. Et pour mieux établir la confusion, cette bande mystérieuse, usant des moyens les plus indignes, choisit, pour les auteurs de ces impiétés, des compatriotes de l'auteur du Messianisme, surtout des hommes dépourvus de toute science, qui se glorifiaient de leur ignorance au point de vouloir, comme Omar, brûler toutes les bibliothèques, et dont l'un, par suite de ces principes, a trempé à Paris dans l'insurrection de juin et se trouve pour cela déporté de France, en un mot, des hommes qu'il aurait été compromettant, tout à la fois, pour la science et pour la patrie de l'auteur, de citer devant les tribunaux pour obtenir le châtiment de cet infâme plagiat.

ADRESSE

AUX NATIONS CIVILISÉES

SUR LEUR

SINISTRE DÉSORDRE RÉVOLUTIONNAIRE.

Dans la Chambre des Députés de France, le 17 février 1832, M. Guizot proféra ces terribles paroles :

« Nous sommes aujourd'hui en France sans croyance, sans conviction politique, sans conviction morale et religieuse. »

Il aurait pu étendre cette fatale déclaration au monde civilisé tout entier. En effet, cette funeste absence de principes, politiques, moraux et religieux, se trouve aujourd'hui constatée universellement. Nulle part, aucun homme ne peut, avec une certitude absolue, non-seulement produire, mais même concevoir une vérité fondamentale, ni pour l'association juridique des hommes dans l'État, ni même pour leur association religieuse dans l'Église. Toutes les prétendues vérités que l'on proclame et promulgue avec solennité, ne sont notoirement que des opinions individuelles de la majorité des votants, opinions fondées ainsi, tour à tour, sur des intérêts terrestres, ou sur des passions humaines. — C'est, en un mot, un effrayant chaos intellectuel dans lequel se dissolvent aujourd'hui les sociétés civilisées, en ne distinguant plus le faux du vrai, ni le mal du bien.

Et quelle sera l'issue de ce terrible chaos? — Vous pouvez en juger par les sinistres manifestations des combattants dans la sanglante lutte des derniers jours de juin à Paris. Et vous pouvez même prévoir, avec facilité, que ce n'est là qu'un faible commencement d'une inévitable destruction universelle de tout ce qu'il y a de moral et de sacré parmi les hommes. En effet, qu'avez-vous maintenant pour vous opposer à cette fatale destruction? — Vous n'avez pas l'autorité politique ; car, d'après le principe de votre législation, la souveraineté était et sera toujours des deux côtés des barricades. Vous n'avez pas non plus l'autorité religieuse ; car, par suite de votre dénégation des vérités absolues,

1

vos prélats sont assassinés sur ces barricades. — Vous n'avez plus que la force des armes, c'est-à-dire, la force physique; et alors, comptez bien le nombre d'ennemis que, sous de pareils auspices, vous aurez sans cesse à combattre, et vous verrez, avec clarté, que ce n'est pas de votre côté que sera finalement la victoire. — Et avez-vous une idée de la nature de cette victoire? — Je m'abstiendrai de vous la dépeindre, parce que vous n'auriez pas la force de contempler les horribles phases de la domination de l'IDÉE ABSOLUE DU MAL qui en sera le caractère distinctif.

Eh bien, des hommes d'État qui devaient prévoir ces funestes conséquences, puisqu'ils en connaissaient les principes, comme le prouve la susdite déclaration de M. Guizot, les ont laissées arriver, avec une véritable stupidité, puisqu'ils en sont les premières victimes. On leur a même indiqué, assez clairement, les moyens de prévenir ces terribles conséquences, nommément, d'abord à Charles X, ensuite à Louis-Philippe, et à leurs ministres; mais, une présomptueuse ignorance leur faisait méconnaître ces salutaires indications. — Aujourd'hui seulement, ce même M. Guizot, dans le prospectus du journal qu'il publie, dit-on, à Londres, commence à entrevoir ces moyens supérieurs de salut, en disant « qu'il en sera ainsi jusqu'à ce qu'un homme surgisse de quelque point de l'Europe, produisant des grandes et vraies doctrines. Mais, cet homme où est-il? Dans les conseils des rois peut-être, peut-être aussi dans les derniers rangs de la foule. Dieu seul le sait. »

Ce même besoin d'une grande et nouvelle doctrine se fait aujourd'hui sentir universellement. On lit déjà, dans un journal français, ce prophétique pressentiment : « La Providence ne laisse jamais les événements manquer d'hommes. Elle fera naître un jour, elle a fait naître déjà peut-être un esprit, un génie, un penseur. . . . Ce Christophe Colomb à venir est peut-être, à l'heure où je parle, assis sur le pont du vaisseau, dans l'ombre de la nuit, pensif et rêveur, doux et affligé, et promenant ses yeux mélancoliques, tour à tour, du Ciel lumineux où il aperçoit clairement Dieu, à l'Océan noir où il entrevoit des monstres dans les abîmes. »

Serions-nous trop audacieux de supposer que la doctrine du Messianisme, qui constitue, tout à la fois, la philosophie absolue et la religion absolue, et qui a légitimé sa toute-puissance, d'abord, par son application à la réforme des mathématiques, comme prototype de la réforme générale des sciences, et ensuite, par son application à la solution définitive de tous les grands problèmes de l'humanité, telle qu'elle l'a donnée dans sa réforme de la philosophie, serions-nous trop audacieux, demandons-nous, en supposant que cette réforme absolue du savoir humain est la grande et vraie doctrine que la Providence a préparée pour la critique période actuelle de l'humanité? — Déjà dans la triple dédicace de notre *Réforme de la Philosophie*, nous avons ressenti et exprimé la même haute destination de cette doctrine absolue du Mes-

sianisme. Voici ce qu'à la fin de cette dédicace, nous osons y dire expressément :

« Le Pape, Pie IX, dans sa proclamation du 30 mars 1848, profère ces
« mots solennels : « Les événements qui, depuis deux mois, se succèdent et
« s'accumulent avec une si grande rapidité, ne sont pas une œuvre humaine.
« Malheur à celui qui, dans cette tempête, par laquelle sont agités, arrachés
« et mis en pièces, les cèdres et les roseaux, n'entend pas la voix du Sei-
« gneur! » — Serions-nous trop audacieux, disions-nous déjà alors, de croire
« qu'en apportant au monde la VÉRITÉ, précisément dans cette tempête, nous
« répondons à cette manifeste voix de Dieu? »

Et ce qui nous garantit de plus cette haute destination actuelle de la doctrine du Messianisme, c'est qu'elle n'est pas, comme tant d'autres prétendues
doctrines modernes, le produit d'une conception isolée ou même d'une simple
imagination, mais bien le résultat des travaux scientifiques, philosophiques et
religieux, des hommes qui nous ont précédés. En effet, cette doctrine du Messianisme, comme philosophie absolue et comme religion absolue, est, tout à
la fois, la continuation et l'accomplissement de la récente réforme philosophique, opérée en Allemagne, comme nous l'avons indiqué, d'abord, dans les
Prolégomènes du Messianisme, aux pages 161 à 163, où se trouve le tableau
hypostatique de la démarcation entre le Messianisme et la récente philosophie
germanique, et ensuite, dans le deuxième tome de la *Réforme absolue du Savoir humain*, aux pages 533 à 537, où se trouve le tableau génétique de la
création propre de l'homme, dans lequel est indiqué expressément le point où
s'est arrêtée la philosophie germanique et où commence notre philosophie absolue. Pour donner une idée générale de cette démarcation, il suffira de faire
savoir que la philosophie germanique, dans son dernier développement par
Schelling, est parvenue à établir, d'une manière didactique, le problème de
l'Absolu, de Dieu, en fixant son caractère extérieur dans l'*identité primitive du
savoir et de l'être*, et que notre philosophie absolue donne actuellement la
solution de ce problème suprême de l'humanité, en découvrant l'INTIME ESSENCE
elle-même de cette identité primitive qui, d'après les dernières découvertes,
forme le caractère indélébile de Dieu, de l'Absolu.

Nous apportons ainsi le dernier fruit des travaux immenses de toute l'humanité, et nous sommes conséquemment fondés à supposer que cette vérité
absolue qu'aujourd'hui nous apportons au monde, pour éclairer son actuelle
confusion intellectuelle, est la doctrine qui peut le sauver des sinistres et inévitables conséquences de son universel désordre révolutionnaire.

Mais, comment faire parvenir ces vérités absolues à l'intelligence des nations
civilisées, puisque, à force de civilisation, elles sont arrivées au point de dé-
nier à l'homme le pouvoir de découvrir les vérités absolues? — C'est aujour-
d'hui un problème aussi difficile à résoudre que l'était celui de la découverte

1.

de ces hautes vérités. — Déjà avant les récentes révolutions européennes, il était impossible de faire entendre ces vérités salutaires dans le monde civilisé, spécialement en France où elles ont été produites. Ainsi, par exemple, lorsqu'en 1843 furent publiés les *Prolégomènes du Messianisme*, on y signala l'objet général de cette doctrine dans les termes suivants :

« L'objet de cette doctrine est de fonder péremptoirement la vérité sur la terre, de réaliser ainsi la philosophie absolue, d'accomplir la religion, de réformer les sciences, d'expliquer l'histoire, de découvrir le but suprême des États, de fixer les fins absolues de l'homme, et de dévoiler les destinées des nations. »

Eh bien, comme nous l'avons déjà demandé dans notre *Manifeste historique*, quel fut, dans le public où cet ouvrage était publié, l'effet de cette annonce ? — Nous ne saurions mieux le dire qu'en racontant ici une anecdote qui a quelque analogie avec cette question.

« Sous l'ancien régime de France, peu de temps avant la révolution, un pari remarquable eut lieu entre un seigneur français et un lord anglais. L'objet de ce pari était d'étaler, sur le Pont-Neuf à Paris, mille louis d'or, et d'offrir, par un marchand-crieur, de les vendre à un sou la pièce. Si, après une demi-heure de cet étalage, aucune pièce n'était vendue, le pari devait être gagné par celui des deux parieurs qui l'avait proposé ainsi. — Eh bien, comme on le conçoit facilement, une grande foule se rassembla d'abord autour de l'étalage ; mais, après avoir vu l'or, les hommes qui s'étaient rassemblés, se regardaient d'un air d'intelligence, haussaient les épaules, et s'en allaient ensuite. — La demi-heure expira, et pas un seul louis d'or ne fut vendu. »

Quel serait alors l'effet que causerait aujourd'hui la production de l'accomplissement de la doctrine du Messianisme, de cet accomplissement qu'elle vient de recevoir par la publication de la *Réforme absolue du Savoir humain*, conformément à l'objet de cette doctrine, tel qu'il avait été annoncé dans les susdits *Prolégomènes du Messianisme ?* — Pour vous former une idée de cet effet, lisez, à côté de la présente réforme du savoir humain, les journaux français et autres, surtout ceux qui, placés au sommet de l'intelligence révolutionnaire, insultent les défenseurs de leurs propres droits (la garde nationale), et légitiment l'atroce brigandage des récentes journées de juin, dont l'histoire n'avait pas encore présenté l'exemple. Vous concevrez alors l'accueil que recevrait aujourd'hui, en France, et peut-être dans tout le monde civilisé, la doctrine qui est destinée à faire cesser ce destructif désordre révolutionnaire !

Toutefois, pénétrés de la vérité et de l'actuelle destination providentielle de cette doctrine salutaire, comme nous venons de le prouver, nous ressentons le devoir de ne pas la laisser, précisément dans cette critique époque, manquer à cette haute destination, à celle d'éclairer les hommes, tout à la fois, et

sur les funestes conséquences de leur désordre révolutionnaire, et sur les
moyens puissants, non-seulement de faire cesser ce destructif désordre, mais
de plus de ramener l'humanité vers ses grandes destinées sur la terre. Et
comme, au milieu d'un tel désordre, nous ne pouvons, sans compromettre
gravement la vérité, nous adresser à la foule, ni même directement au public, ainsi que nous venons de le reconnaître, nous nous adressons ici exclusivement aux hommes supérieurs qui peuvent ressentir toute la gravité de la
critique position actuelle du monde civilisé. Nous craignons toutefois que,
dans la présente extension universelle du désordre révolutionnaire, nous ne
rencontrions plus beaucoup de ces hommes supérieurs. Et il nous reste seulement l'espérance que Dieu n'aura pas encore abandonné entièrement la terre,
et que, comme on le dit dans le journal que nous venons de citer, « la
Providence ne laisse jamais les événements manquer d'hommes. »

Nous nous adressons donc, à tout hasard, aux hommes supérieurs, s'il s'en
trouve, qui puissent, par leur influence ultérieure, en s'éclairant sur les
moyens de dompter rationnellement l'anarchie révolutionnaire, exercer cette influence, soit isolément par leur persuasive action personnelle, soit conjointe-
ment par la formation d'une nouvelle association morale, de cette association
suprême qui, sous le nom d'*Union-Absolue*, est aujourd'hui reconnue urgente
pour la direction de l'humanité vers ses destinées finales sur la terre. Nous
offrons donc, à ces hommes supérieurs, de leur exposer, dans des conférences
familières, d'après le Programme ci-joint, toute la doctrine du Messianisme,
telle qu'elle se trouve publiée et, pour ainsi dire, accomplie déjà actuellement.
Et nous leur offrons cette exposition de la doctrine nouvelle, non-seulement
et bien entendu sans aucune rétribution de leur part, mais même sans aucune
condition préalable, en nous dévouant ainsi, autant qu'il sera en notre pouvoir, uniquement à répandre ces vérités absolues, que nous reconnaissons être
aussi urgentes que décisives pour le salut actuel de l'humanité. Nous n'atten-
drons pas même qu'il y ait une grande réunion de personnes qui voudront
suivre ces conférences. Nous serons prêts à donner, à tout homme qui nous
les demandera, les explications sur tous les points des ouvrages, scientifiques
et philosophiques, où se trouve produite la doctrine du Messianisme, cette
union finale de la philosophie et de la religion. — Une seule chose dont nous
déclarons expressément ne pouvoir nous mêler jamais, comme nous l'avons
déjà déclaré dans le *Prodrome du Messianisme*, c'est de l'association elle-même
des hommes éclairés ainsi, pour former la susdite *Union-Absolue*, en nous
abstenant par là de tout ce qui pourrait avoir un caractère d'action dans notre
présente fondation péremptoire de la vérité sur la terre.

Nous désirons pouvoir donner ici un aperçu de cette haute doctrine, du
moins pour ce qui concerne l'ordre politique, dont le rétablissement est aujour-
d'hui d'une si grande urgence. Et nous pouvons le faire en joignant, à la

présente Adresse, un extrait pratique de notre philosophie de la politique,
nommément de notre *Métapolitique messianique*, où, pour donner un exemple
de cette absolue philosophie de l'État, nous l'avons appliquée à la découverte
du secret politique de Napoléon, de ce secret qui, jusqu'à ce jour, est de-
meuré impénétrable, et qui, comme principe de l'ordre politique que ce grand
homme, en pressentant ce principe, a introduit en France, au milieu du profond désordre révolutionnaire de ce pays, peut aujourd'hui être considéré
comme une faible indication de la base de l'avenir moral du monde. — Nous
joignons donc, à la présente Adresse aux Nations civilisées, ce *Secret politique
de Napoléon*, comme exemple de l'application pratique, surtout de l'urgente
application politique de la présente doctrine absolue du Messianisme.

Mais, nous devons prévenir expressément que nous n'entendons pas, par la
reproduction de cet opuscule, publié en 1840, conseiller aujourd'hui le rétablissement de l'empire de Napoléon. La simple lecture de cet opuscule suffira pour s'en convaincre. Nous y disons, en effet, d'abord à la page 78,
que « la chose pour le moins la plus infructueuse que l'on puisse entre-
« prendre aujourd'hui, serait sans contredit le rétablissement de l'empire de
« Napoléon, quand même on pourrait lui rendre tout le prestige de la vic-
« toire, prestige qui n'est pas non plus possible aujourd'hui. » Et nous y
indiquons expressément, non-seulement les raisons de l'actuelle impossibilité
de son rétablissement, mais de plus les raisons de la chute de ce mystérieux
empire. Voici ce que nous disons à ce sujet à la page 81 : — « On peut ici,
« en scrutant ces graves et indispensables conditions, surtout dans leur haute
« déduction messianique, telle que nous l'avons déjà donnée dans la présente
« philosophie de la politique, on peut, disons-nous, comprendre maintenant
« que le système politique de Napoléon, qui postule manifestement toutes ces
« conditions, morales et intellectuelles, pratiques et spéculatives, ne pouvait
« se soutenir et devait succomber au milieu de la démoralisation et de l'i-
« gnorance que l'esprit révolutionnaire fait aujourd'hui prédominer dans le
« monde civilisé. Et l'on comprendra en même temps que ce serait la chose
« la plus déraisonnable de vouloir, dans cet état d'ignorance et de démorali-
« sation universelles, tenter le rétablissement de l'empire de Napoléon. Bien
« plus, nous osons le dire, ce serait une entreprise criminelle, surtout si elle
« était tentée par des voies illégales ou par des voies révolutionnaires, parce
« que, en outre de cette coupable illégalité, elle compromettrait criminelle-
« ment le majestueux exemple qui, dans la propre réalisation napoléonienne
« de ce système providentiel, plane sur nos têtes, porté sur les ailes protec-
« trices de l'aigle impériale, rayonnant de tous ses prestiges, pour nous mon-
« trer sans cesse cette TERRE PROMISE de notre actuelle et indispensable cul-
« ture morale et intellectuelle. » — Aussi, cette déduction didactique et irréfragable de l'actuelle impossibilité absolue de rétablir l'empire de Napoléon,

nous a-t-elle valu l'inimitié de quelques membres de la glorieuse famille de Napoléon, au point de nous faire perdre, non-seulement une des plus grandes industries de l'époque présente, dont nous destinions le produit à la publication et à la réalisation de nos travaux, scientifiques et philosophiques, mais surtout l'amitié d'un homme honorable, retenu par les liens de cette illustre famille. Et cette inimitié est sans contredit une preuve suffisante de ce que nous ne reproduisons pas ici le *Secret politique de Napoléon* dans l'intention de contribuer à l'actuel rétablissement, pour le moins déraisonnable, de l'empire de Napoléon. Comme nous venons de le dire, nous ne reproduisons cet opuscule que pour offrir, comme on le verra mieux ci-après, un aperçu pratique, et en quelque sorte matériel, de la doctrine du Messianisme, pour servir d'acheminement vers l'urgent avenir moral du monde.

Un aperçu plus général, embrassant le développement ultérieur et même déjà l'accomplissement de cette doctrine absolue, se trouve donné dans notre *Adresse aux Nations slaves sur les destinées du monde.* Dans cette Adresse, nous avons produit les sept réalités fondamentales de l'univers et les vingt-un problèmes de l'humanité qui résultent de ces réalités fondamentales, et nous y avons indiqué la solution de ces grands problèmes, telle que la donne irréfragablement la doctrine du Messianisme, soit dans les ouvres antérieurs à cette Adresse aux Nations slaves, soit dans sa finale *Réforme du Savoir humain*, à laquelle cette Adresse sert d'Introduction. — Nous avons à peine signaler ici ces hauts problèmes, de crainte d'effaroucher, par cette transcendance, les savants et surtout les philosophes des nations civilisées, qui, en déniant à l'homme la faculté de découvrir la vérité absolue, ne croient plus à l'existence de pareils problèmes, et encore moins à la possibilité de leur solution. Cependant, en faveur des hommes supérieurs, s'il s'en trouve réellement, nous devons au moins, pour leur laisser entrevoir ces grands problèmes de l'homme qui sont enfin résolus par la doctrine du Messianisme, leur citer ici la conclusion de la présente fin de la Réforme de la Philosophie (tome II de la *Réforme du Savoir humain*, pages 593 et 594). La voici : « Les principaux de ces grands problèmes de l'humanité, ceux précisément » dont les objets paraissent placés hors de l'atteinte de la raison de l'homme, » tels que les problèmes de la création propre de DIEU, de la création de » l'UNIVERS, et de la création propre de l'HOMME, de son IMMORTALITÉ, sont » déjà résolus, sous toutes leurs conditions absolues, dans ce que nous venons de produire actuellement. »

On pourra alors, si l'on comprend ces grandes choses, se faire une idée de la doctrine du Messianisme. Et si l'on considère de plus que cette doctrine, qui sert ainsi à fonder péremptoirement la vérité sur la terre, est donnée au monde par un membre des nations slaves, on pourra de plus se former une idée des hautes destinées qui sont réservées à ces nations vierges et

formidables, de ces destinées nouvelles qui sont signalées dans la susdite
Adresse que nous venons d'alléguer pour compléter l'aperçu de la doctrine
dont il s'agit. Il importe peut-être de faire remarquer qu'au moment où paraît devoir se fermer le tombeau de la Pologne, c'est de ce tombeau même
que rayonne aujourd'hui sur le monde la vérité absolue que lui apporte la
doctrine du Messianisme. Et cette lumière nouvelle sera maintenant, tout à la
fois, l'égide et le drapeau sacré de la haute mission actuelle des nations slaves,
à côté de l'imminente ruine du monde civilisé.

Puissent-elles, les nations slaves, dans ce critique moment, ressentir cette
sainte mission, pour ne pas manquer à leur vocation céleste, en se laissant
entraîner dans le gouffre révolutionnaire par une ignare propagande qui, sous
le nom fallacieux « d'*émancipation des nations slaves* », leur ferait verser leur
sang pour les assimiler, par cette anarchie, aux nations civilisées, et pour
effacer ainsi, de leur front virginal, leur grande destinée de sauver le monde
de son actuelle confusion universelle! Puissent-elles donc bien comprendre l'i-
déal de leur *panslavisme*, tel que nous l'avons réalisé dans notre Adresse,
en n'y voyant que leur haute mission, leur devoir commun de diriger l'humanité vers l'accomplissement de la religion et de la philosophie; et puissent-
elles conséquemment ne pas méconnaître cet idéal sublime du panslavisme, en
lui substituant, dans les proclamations de leurs congrès, les insurrections politiques des nations civilisées! Puissent-elles enfin, dans ces proclamations, ne
pas ternir, par les dogmes révolutionnaires des peuples civilisés, leur actuelle
et suprême mission, dont le dogme est : salut de l'humanité par la découverte de la vérité!

Pénétré de cette sainte mission, l'auteur de l'écrit présent, voulant coopérer
activement au bien public, résolut d'abord de porter lui-même aux nations
slaves les lumières nécessaires pour les éclairer sur leurs hautes destinées, et
pour les prémunir par là contre tout contact avec les destructives menées révolutionnaires des nations civilisées. Il était prêt à exécuter cette salutaire résolution, dont les préparatifs lui avaient coûté d'assez grands sacrifices, non-
obstant l'appui amical qu'il obtint alors de l'un de ses compatriotes, aussi
illustre qu'éclairé, il était prêt, disons-nous, à exécuter cette résolution, lorsqu'il apprit que déjà le sang des Slaves commençait à couler à Prague par
l'influence de bandes révolutionnaires, et que ces bandes, dressées parmi les
nations civilisées et dirigées par leur propagande, étaient déjà répandues parmi
les nations slaves, pour les porter à la révolte sous le susdit prétexte de leur
émancipation, sous ce perversif prétexte qui, suivant les journaux, émanait
d'une société établie à Paris précisément pour cette émancipation des nations
slaves. Il comprit alors qu'il était trop tard pour éclairer ces nations vierges
sur leurs véritables destinées, puisque leur émancipation nationale, leur indé-
pendance politique, devenue le but suprême de toutes leurs tendances, les

confondait déjà avec les nations civilisées, et les aveuglait ainsi au point de ne pouvoir plus concevoir aucun but supérieur. Il laissa conséquemment à la Providence d'accomplir, dans sa haute sagesse, le saint œuvre du salut de l'humanité, qu'elle a préparé par l'existence et par le développement puissant des nations slaves, en se bornant à leur léguer son *Adresse sur ses destinées du monde*, où sont tracées leurs destinées spéciales, et où, pour l'accomplissement de ces hautes destinées, est signalée, comme leur propriété, la doctrine du Messianisme qui, par la réforme absolue du savoir humain, fonde enfin et établit péremptoirement la vérité sur la terre.

Renonçant ainsi à se rendre parmi les nations slaves, l'auteur dut concevoir l'idée d'essayer, encore une fois, de porter la lumière parmi les nations civilisées. C'est au moins un devoir pour lui de tenter maintenant, pour une dernière fois, cette difficile et en apparence impossible entreprise. Et c'est ce devoir que, d'après ce que nous avons annoncé plus haut, nous allons remplir actuellement.

Pour cela, il doit suffire, d'une part, de conduire à leurs dernières et inévitables conséquences hideuses les principes actuels des peuples civilisés, et de l'autre part, de leur indiquer, de manière à ce qu'ils ne puissent la méconnaître, la voie sur laquelle seule se trouve la vérité. — Si ces deux moyens, aussi populaires qu'ils sont irréfragables, ne suffisent pas pour éclairer les nations civilisées, il faut désespérer de leur salut et se résigner aux plus effroyables destructions sociales.

Or, pour ce qui concerne le premier de ces moyens, celui de déduire les dernières conséquences des principes actuels des peuples civilisés, nommément, de leur principe politique de l'exclusive souveraineté du peuple, et de leur principe philosophique de l'impossibilité de connaître la vérité absolue, notre tâche présente a déjà été remplie suffisamment par le discours que M. Proudhon vient de prononcer à l'Assemblée nationale de France le 31 juillet. En effet, à quelques légers écarts près, ce discours est un exposé assez exact des conséquences inévitables des principes de l'exclusive souveraineté du peuple et de l'impossibilité pour l'homme de connaître la vérité absolue. Il faut, en effet, avoir peu de raison pour ne pas reconnaître, d'une part, que la conséquence en quelque sorte immédiate du principe politique de l'exclusive souveraineté du peuple est, pour le moins, le droit au travail de ce même peuple, et de l'autre part, que, dans l'absence philosophique de toute vérité absolue pour l'homme, vérité qui puisse établir inviolablement la propriété, ce droit au travail ne peut conséquemment être satisfait par rien autre que par le sacrifice général de la propriété. Ces conséquences sont tellement manifestes et irréfragables qu'on ne saurait les éviter d'aucune manière. Ce n'est pas surtout par d'éloquents rapports qu'on peut les condamner logiquement. On peut bien les repousser moralement, comme l'a fait avec dignité l'Assemblée nationale :

2

mais, cette condamnation morale des conséquences suppose nécessairement la
condamnation pareille des principes dont ces conséquences dérivent inévitable-
ment. Aussi, lors même qu'on ne voterait pas, dans la nouvelle constitution
française, ce fatal droit au travail (*), si le principe de l'exclusive souveraineté
du peuple doit y subsister, il y aura, comme l'a dit M. Proudhon, une la-
cune, un blanc, où viendra s'inscrire, tacitement et invinciblement, le droit à
l'insurrection. — Eh bien, faut-il beaucoup d'esprit pour reconnaître, dans ce
désordre révolutionnaire, la ruine de la société, sa ruine absolue qu'aucun
moyen ne saurait prévenir?

Pour ce qui concerne le second des deux susdits moyens d'éclairer les nations civilisées, celui de leur signaler la voie sur laquelle seule se trouvent la
vérité et, par conséquent, les vrais principes de la constitution des États, nous
prions les faiseurs des révolutions de se demander sérieusement quel est, pour
l'humanité, le but absolu auquel ils veulent arriver par ces révolutions, c'est-
à-dire, quelle est la fin absolue du fameux *progrès de l'humanité* au nom
duquel ces hommes font des révolutions? — Avant tout, nous prions le lecteur de ne pas nous croire assez candides pour ignorer le but personnel de
ces hommes, et de voir uniquement, dans la question que nous venons de
poser, le but ostensible qui leur sert de drapeau. — Eh bien, y a-t-il aujourd'hui, en France, et même dans toute l'Europe, non-seulement un révolutionnaire, mais un homme éclairé, qui puisse répondre catégoriquement à
cette susdite question décisive, en indiquant, avec une certitude scientifique,
le *but final de l'humanité sur la terre;* car, sans la connaissance positive de
ce but final, l'idée du véritable progrès de l'humanité est impossible aujour-
d'hui, et par conséquent, lorsqu'on l'inscrit sur le drapeau des révolutions,
cette idée est nécessairement l'un ou l'autre, une *fourberie,* ou du moins
une *grave erreur.* Il ne faut que du bon sens pour comprendre cette inévitable alternative, ce terrible dilemme dans les vues finales de nos modernes et
récentes révolutions européennes. En effet, on sait, par le simple bon sens,
que, pour aller *en avant,* il faut voir le but, et par conséquent que, dans
le cas où l'on ne le voit pas, et surtout dans le cas où l'on ne peut même
pas deviner le but, on trompe ou l'on s'égare lorsqu'on prétend que l'on
marche en avant.

On ne dira plus que, par les révolutions, on redresse les injustices; car,
l'expérience nous prouve aujourd'hui fatalement que la plus insigne des injustices, la ruine actuelle de toute la société, sans même tenir compte de la pers-
pective de M. Proudhon, est le résultat flagrant des révolutions faites au nom
du progrès de l'humanité, au nom de l'exclusive souveraineté du peuple. —

(*) C'est par l'organe du ministre Turgot que la bande mystérieuse a proféré ce droit fatal pour pré-
parer ainsi la révolution et ses hideuses conséquences actuelles.

Il serait plus vrai de dire, comme nous l'a dit effectivement un révolutionnaire la veille de la journée du 22 février, que les révolutions ont maintenant pour but d'effacer du dictionnaire le mot de *Roi*, c'est-à-dire, dans son sens, le mot de *Représentant des lois divines de la morale*. Ainsi, et cela parait effectivement plus près de la vérité, le but de nos récentes révolutions serait d'effacer sur la terre le *caractère divin* des lois morales. — Ce serait donc là le *but final* de l'humanité! — Pauvres gens, s'ils n'abusaient pas de leur ignorance, il faudrait les plaindre, car il est manifeste qu'ils n'ont même pas une idée juste de ce que c'est qu'une *loi morale*.

Mais, dira-t-on peut-être, si, jusqu'à ce jour, le but final de l'humanité sur la terre demeure inconnu, aucun progrès vers ce but final n'a été possible jusqu'à ce jour, ni n'est possible aujourd'hui. Sans doute, aucun progrès immédiat, avec la conscience claire du but final de l'homme sur la terre, n'a été possible jusqu'à ce jour, ni n'est possible aujourd'hui. Et cependant, si l'existence de l'homme n'est pas un non-sens, et si, par conséquent, l'existence de l'humanité doit avoir, sur la terre, un but final, l'homme doit nécessairement pouvoir arriver à ce but final et suprême de son actuelle existence. C'est là maintenant le profond mystère philosophique de l'humanité; et c'est précisément pour sauver le monde civilisé de son actuel et sinistre désordre révolutionnaire, que l'auteur s'engage à dévoiler ce mystère aux hommes supérieurs qui viendront le lui demander. Dans ses ouvrages philosophiques, où se trouve maintenant accomplie la doctrine du Messianisme, ce profond mystère duquel dépend actuellement l'avenir de l'humanité, est déjà dévoilé suffisamment pour qu'il soit désormais impossible à un être raisonnable d'agir autrement qu'en vue du but final de l'humanité, qui s'y trouve également déterminé, avec clarté et avec précision, par des principes absolus et par conséquent irréfragables. Et alors, en voyant l'ignorance, la légèreté, l'inconséquence, et même l'espèce d'abrutissement, avec lesquelles nos révolutionnaires modernes prétendent réformer le monde, nous devons supposer que nos ouvrages philosophiques dépassent leur portée intellectuelle; et nous devons conséquemment, par une véritable et suprême obligation morale, faire les offres présentes de donner, à tous les hommes qui nous les demanderont, les explications orales de nos ouvrages, explications qui, à ce qu'il parait ainsi, sont nécessaires pour la compréhension et pour l'établissement de ces grandes vérités.

Qu'on ne s'imagine pas toutefois que, dans le désordre révolutionnaire que nous repoussons, nous comprenons la *république*, considérée comme forme de gouvernement. Dans notre philosophie de la politique, nommément dans notre *Métapolitique messianique*, nous avons déjà, en 1839, assigné sa place parmi les différentes formes de gouvernement; et récemment, dans notre *Réforme de la philosophie*, publiée en mai de la présente année 1848, et dédiée en partie au gouvernement actuel de la France, nous avons produit (page 8), pour

2.

servir de guide à l'accomplissement de la science de la politique, ses trois lois fondamentales, sous les noms respectifs que voici : 1°. *Loi suprême de l'État*, 2°. *Problème-universel de l'État*, et 3°. *Concours téléologique dans l'État*. Et à la suite de cette production, nous disons expressément :

« Telle est donc cette absolue *trinomie politique* vers laquelle, sans même la connaître encore avec une certitude scientifique, visent aujourd'hui, avec un vif pressentiment, les Chefs du Gouvernement actuel de la France. En effet, au péril de leur vie, ils se proposent notoirement de réaliser, dans la *république*, les conditions absolues de l'humanité; et ce sont manifestement ces conditions absolues qui se trouvent déterminées, d'une manière didactique, dans la présente trinomie de la haute science de l'État. »

Eh bien, dans nos ouvrages philosophiques, ces trois lois fondamentales de la politique, par lesquelles doit définitivement être accomplie la constitution des États, formant la vraie république (*res publica*), n'importe sous quelle dénomination, de république ou même de monarchie, ont été développées suffisamment pour qu'aujourd'hui, en voyant les discussions sur les différentes sortes de républiques, rouge, tricolore, modérée, honnête, etc., nous puissions conclure de nouveau que nos ouvrages n'ont pas encore été compris, et pour que nous ressentions davantage l'obligation d'offrir les explications orales qui font l'objet de cette Adresse. — Tout ce que nous pouvons et devons dire ici, pour prévenir tout malentendu ultérieur, c'est que, dans la philosophie absolue dont il s'agit, la souveraineté du peuple, qui est la *souveraineté nationale ou humaine*, est un des deux éléments primordiaux de la vraie constitution des États, dans laquelle cet élément forme la condition des *droits de l'homme*, et que le second de ces deux éléments primordiaux, qui est la *souveraineté morale ou divine*, forme, à son tour, dans cette vraie constitution des États, la condition de l'*autorité politique*. C'est, en effet, par la combinaison de ces deux éléments primordiaux, soit entre eux, soit surtout avec l'élément fondamental de la vraie constitution des États, élément fondamental qui est la *souveraineté rationnelle ou absolue*, que se sont formés progressivement tous les gouvernements, depuis l'origine des peuples, jusqu'à nos jours; et cela, en suivant, dans cette formation progressive, la LOI DE CRÉATION, qui préside généralement à la formation de tous les systèmes de réalités, physiques et morales, dont se compose l'univers. Nous avons produit, à la fin de l'opuscule ci-joint sur le *Secret politique de Napoléon*, un aperçu du tableau génétique de cette formation progressive, d'après la loi de création, des différents gouvernements dans les différentes périodes historiques; et c'est même principalement pour donner au lecteur une idée de cette formation génétique des gouvernements que nous joignons ici l'opuscule que nous venons de nommer. En effet, c'est surtout dans ce tableau génétique que le lecteur pourra se former une idée philosophique du gouvernement final que Napoléon, sans pouvoir encore le comprendre complétement, avait au moins pressenti déjà, et qui constitue ainsi le décisif secret politique de ce grand homme; secret impénétrable qui est mort avec lui, et qui ne sera bien dévoilé que par les lumières nouvelles que répandra la philosophie absolue, pour conduire à la constitution définitive du vrai gouvernement final que l'on doit réaliser aujourd'hui, et dont le gouvernement napoléonien, si mal compris jusqu'à ce jour, en le considérant purement comme monarchique, était une faible anticipation. Rien n'empêcherait, en effet, que l'autorité politique de Napoléon, si l'on connaissait son principe mystérieux, qui est indépendant du principe d'hérédité, ne fût l'autorité politique du président ou du pouvoir exécutif d'une république. — On comprendra maintenant, mieux encore, que toute prétention de rétablir l'empire de Napoléon serait un mensonge, parce que le secret politique de ce mystérieux empire est encore inconnu aux hommes. Aussi, comme nous venons de le dire, ne reproduisons-nous ici l'opuscule en question que précisément pour signaler, dans son tableau génétique de la formation des gouvernements, le secret politique qu'il faut chercher à dévoiler par des lumières nouvelles, et qu'il serait coupable de vouloir réaliser aujourd'hui sans le connaître. — Enfin, dans ce même tableau génétique, on peut voir que l'exclusive souveraineté nationale ou humaine, en rejetant la souveraineté morale ou divine, est le principe du désordre révolutionnaire dont l'Europe est victime aujourd'hui.

Nous terminerons cette Adresse aux Nations civilisées en les éclairant sur un fait grave par lequel les révolutionnaires modernes ont dangereusement compliqué leurs prétendues réformes, nommément, sur leur chimérique science du *socialisme*, par laquelle ces révolutionnaires ont voulu embellir et en quelque sorte couronner leurs destructives œuvres de réformation. — Malheureusement, nous n'avons pas ici assez d'espace pour développer, avec tous les moyens nécessaires, cette grave question, aussi fatale qu'elle est funeste aujourd'hui. Toutefois, nous pouvons, en reproduisant ici ce que nous en avons dit rapidement à la fin de notre *Réforme de la Philosophie* (page 594), fixer au moins le VRAI CARACTÈRE de cette importante question, de manière à signaler la profonde ignorance des hommes qui s'occupent de la prétendue science socialistique. Voici ce rapide aperçu :

« Forcés d'arrêter ici cette production de la Réforme de la Philosophie, « nous regrettons surtout de ne pouvoir, dans les graves circonstances actuelles « du monde politique, produire, parmi les susdites déterminations définitives « du monde moral, au moins celles qui concernent l'État, et spécialement celles qui concernent les relations économiques de la société, et qui, par une épouvantable confusion des idées, menacent aujourd'hui de causer la ruine des États. — Tout ce que nous pouvons faire, dans le petit espace qui nous reste, c'est de signaler l'énorme absurdité de l'idée même d'une soi-disant *science sociale*, qui prétendrait *organiser* les relations économiques des sociétés. En effet, ces relations économiques constituent la vie *physique ou animale* des hommes en société; et comme telle, cette vie physique, dépendant des lois de la *nature*, est une *œuvre de la création*, et non un ouvrage des hommes. Il ne faut pas confondre ces relations économiques avec les relations politiques de la société : ces dernières constituent la vie *hyperphysique ou morale* des hommes en société; et comme telle, cette vie hyperphysique, dépendant des lois de la *liberté*, est un *ouvrage des hommes*. — Il existe donc une *science politique*, comme science *pratique*, qui peut régler et organiser les relations juridiques des hommes en société; et il existe de plus une *science économique*, purement comme science *théorique*, qui ne peut que découvrir, et nullement altérer, les lois créées de la vie physique des hommes en société. — Ainsi, l'idée d'une prétendue *science sociale* qui voudrait altérer ou changer ces lois créées et immuables des relations économiques de la société, est une chimère, dont la violente application pratique conduirait immanquablement, comme le prouve déjà l'expérience, à de sinistres et funestes perturbations sociales. »

Ainsi, comme nous venons de le dire, la chimère du *socialisme* est le résultat d'une épouvantable confusion des idées. Les hommes qui s'en occupent, confondent évidemment, dans le monde, deux phénomènes tout à fait hétérogènes, et par conséquent essentiellement distincts, savoir : 1°. la *nature*, dont la loi est l'*inertie*, et dans le domaine de laquelle se trouve la vie *physique ou animale* des hommes en société, faisant l'objet de la science purement *théorique* de l'*économie sociale*; et 2°. la *liberté*, dont la loi est la *spontanéité*, et dans le domaine de laquelle se trouve la vie *hyperphysique ou morale* des hommes en société, faisant l'objet de la science *pratique* de la *politique*. Et cette confusion des deux principaux phénomènes du monde, sur la distinction desquels repose précisément l'immense jeu de la création, décèle, chez ces soi-disant socialistes, non-seulement une profonde ignorance, mais de plus un véritable abrutissement dans leurs prétendues tendances politiques.

Malheureusement, la même confusion de ces deux phénomènes principaux du monde s'étend aujourd'hui bien au delà des sectes socialistes : elle domine dans toutes les productions philosophiques, morales et politiques des nations civilisées, surtout en France, où elle est principalement la cause du présent désordre révolutionnaire de ces nations civilisées, en excluant, de leurs conceptions intellectuelles, toute vérité absolue. Et par conséquent, le vice fondamental que nous venons de signaler dans les prétendues sciences socialistiques, ne sera guère compris aujourd'hui, et ce funeste socialisme continuera ainsi à se développer sans que personne puisse l'arrêter actuellement.

Nous lisons, dans le *Journal des Débats* du 10 août, que le général Cavaignac, le chef du pouvoir exécutif en France, a invité le président de l'Académie des sciences morales et politiques à venir lui parler pour charger ce corps savant d'arrêter, par des écrits publics, le progrès dangereux des idées révolutionnaires, et surtout des idées socialistes, qui menacent la société de sa ruine. Cet illustre général, animé d'un noble et profond pressentiment, a dit, à cette occasion, que l'épée ne suffit pas pour arrêter le désordre révolutionnaire qui domine la société, et qu'il faut y concourir par le développement public de nouvelles idées. Et par conséquent, pour répondre à ces belles paroles, qui distinguent si éminemment le général Cavaignac, c'est l'Académie des sciences morales et politiques de Paris, ce lumineux foyer de la philosophie moderne, de cette philosophie de laquelle précisément sortent toutes les révolutions, c'est, disons-nous, cette même Académie qui, au nom de cette philosophie moderne, qu'elle nomme philosophie française, va maintenant produire les idées nouvelles ! — Au moins l'honneur d'une telle conception, c'est-à-dire, d'une intention si hautement éclairée, restera pleinement à cet illustre chef du gouvernement français.

Nous serait-il permis de faire savoir qu'au milieu de la confusion philosophique des idées, que nous venons de signaler, il n'existe que deux moyens pour arrêter, comme le demande le général Cavaignac, le sinistre désordre révolutionnaire qui domine actuellement les peuples civilisés? — Ces deux moyens, tout simples, les voici :

D'abord, en général, pour arrêter les idées révolutionnaires, il faut éclairer l'actuelle confusion universelle des idées, en dissipant les profondes ténèbres qui règnent aujourd'hui, par de nouvelles lumières philosophiques, afin de porter les hommes, de leurs idées purement relatives à leur vie physique ou animale, afin de les porter, disons-nous, à des idées absolues, qui leur fassent ressentir leurs conditions hyperphysiques, leur haute dignité morale et leurs suprêmes destinées. Et cette tâche difficile ne pourra être remplie, comme le dit le Destin, *par rien autre que par les vérités absolues* que produit la doctrine du Messianisme, telle qu'elle se trouve accomplie par la présente *Réforme absolue du Savoir humain.* — C'est donc pour répandre ces vérités absolues, desquelles dépend manifestement le salut actuel du monde civilisé, que nous offrons des explications orales de nos ouvrages, et même des conférences continues, à tous ceux qui nous les demanderont.

Ensuite, en particulier, pour arrêter les idées socialistiques, même déjà au milieu de l'actuelle confusion philosophique des idées, qu'il ne sera pas facile d'éclairer et de faire cesser de sitôt, il faut, par une haute application des mathématiques, fixer positivement toutes les lois de l'économie sociale; lois qui toutes régissent des quantités et qui, par conséquent, doivent toutes être susceptibles d'une telle détermination mathématique. Alors, en effet, toutes les rêveries socialistiques cesseront par elles-mêmes, puisque, pour toutes les questions de l'économie sociale, ces lois mathématiques et positives, non-seulement montreront l'absurdité des idées socialistiques, mais de plus donneront la solution rigoureuse de toutes ces questions. — Or, comme nous le disons dans le Programme ci-joint pour les Conférences, nous avons déjà, dans notre Métapolitique, aux pages 109 à 113, fixé les conditions fondamentales de l'économie sociale, et amené ainsi cette haute science au point où il ne manque plus que la détermination mathématique de ses lois, dont nous venons de reconnaître l'urgence actuelle, pour repousser le dangereux désordre et les sinistres conséquences des idées socialistiques dominantes. Eh bien, si on nous le demande, nous sommes prêts à donner au public cette rigoureuse détermination mathématique des lois de l'économie sociale, cette détermination irrécusable qui fera cesser les sinistres désordres socialistiques de nos révolutionnaires modernes.

————————

Nous allions terminer ici cette Adresse, lorsque quelques personnes, qui en avaient connaissance, nous ont sollicités d'y joindre immédiatement cette détermination mathématique des lois de l'économie sociale dont nous venons de parler, et qui doit mettre fin aux dangereuses et pourtant ineptes conceptions socialistiques, par lesquelles, leurs sectateurs, en provoquant ainsi le peuple, deviennent principalement les fauteurs des actuels désordres révolutionnaires. Nous allons le faire, en nous bornant à produire ici les lois principales de l'économie sociale, et en nous réservant de les développer ultérieurement et complétement dans nos conférences ou explications orales. Toutefois, comme pour tout ce que nous avons produit dans nos ouvrages, les présentes lois économiques seront déterminées suffisamment pour que le lecteur, sans aucunes explications ultérieures, puisse lui-même accomplir, pour toutes les questions, cette détermination mathématique de l'économie sociale.

Et pour procéder avec précision, nous suivrons immédiatement, dans la production de ces lois économiques, notre absolue méthode génétique, en développant progressivement cet ordre de réalités par la loi de création elle-même. Nous remonterons de plus, par cette méthode, à la génération progressive de l'INDUSTRIE SOCIALE, pour reconnaître comment se forment les différents systèmes d'économie sociale, et quel est le système final qui les embrasse tous et qui constitue enfin la vraie science de l'économie sociale. Voici donc, avant tout, cette génération progressive de l'industrie sociale.

TABLEAU GÉNÉTIQUE DE LA FORMATION DE L'INDUSTRIE SOCIALE, D'APRÈS LA LOI DE CRÉATION.

A. *Théorie* ou *Aesthésie*; ce qu'il y a de *donné* dans les conditions physiques de l'homme, pour l'établissement de l'industrie sociale.

a) *Contenu* ou *Constitution industrielle*.

  a2) *Partie élémentaire*. == ÉLÉMENTS DE L'INDUSTRIE SOCIALE (au nombre de sept).

    a3) *Éléments primitifs*. == FONDATION INDUSTRIELLE.

      a4) *Élément fondamental; production des objets du bien-être physique*. == FONDS INDUSTRIELS. (I)

      b4) *Éléments primordiaux* :

        a5) *Production industrielle par des moyens physiques*. == INDUSTRIE PHYSIQUE. (II)

        b5) *Production industrielle par des moyens intellectuels*. == INDUSTRIE INTELLECTUELLE. (III)

    b3) *Éléments dérivés*. == ORGANISATION INDUSTRIELLE.

      a4) *Éléments dérivés immédiats ou distincts*.

        a5) *Application initiale de l'industrie physique à l'obtention spéciale des objets du bien-être qui sont produits par la nature*. == INDUSTRIE D'EXPLOITATION (agriculture, chasse, pêche, carrières, mines, etc.). (IV)

          Nota. — Considérant que, dans l'Industrie d'exploitation, l'agent principal est la *nature*, on conçoit que son bénéfice essentiel constitue la *rente* (foncière).

        b5) *Application finale de l'industrie intellectuelle à la distribution générale de tous les objets quelconques du bien-être physique*. == INDUSTRIE COMMERCIALE (transport, trafic, achat, vente, monnaies, banques, etc.). (V)

          Nota. — Considérant de même que, dans l'Industrie commerciale, l'agent principal est formé par les *capitaux*, on conçoit que son bénéfice essentiel constitue l'*intérêt* (commercial).

      b4) *Éléments dérivés médiats ou transitifs* :

        a5) *Transition de l'application initiale de l'industrie physique à l'application finale de l'industrie intellectuelle*, c'est-à-dire, industrie physique faisant fonction d'industrie intellectuelle; *préparation et transformation de substances*. == INDUSTRIE D'OBJETS DE BESOIN. (VI)

          Nota. — Considérant de nouveau que, dans cette Industrie d'objets de besoin, l'agent principal est le *travail brut* de l'homme, on conçoit que son bénéfice essentiel consiste dans le *salaire*, en ne désignant ici de ce nom que ce qui est rétribué aux ouvriers au delà de la valeur intrinsèque de leur peine, c'est-à-dire, au delà de leurs forces productives réellement employées.

        b5) *Transition de l'application finale de l'industrie intellectuelle à l'application initiale de l'industrie physique*, c'est-à-dire, industrie intellectuelle faisant

3

fonction d'industrie physique ; *façonnement et modification de substances.* = Industrie d'objets d'art. (VII)

Nota. — Considérant enfin que, dans cette industrie d'objets d'art, l'agent principal est le *travail cultivé* de l'homme, tant par le goût que par le savoir, on conçoit que son bénéfice essentiel constitue ce qu'on peut nommer *gratification*, et, ne désignant ici de ce nom que ce qui est rétribué aux artistes au delà de leurs forces productives réellement employées, tant en peine actuelle, qu'en frais d'éducation et de risques du succès.

Mais, il ne faut pas confondre, sous ce nom de *gratifications*, les rétributions, nommées *honoraires*, des professeurs de sciences, des hommes de lettres, des hommes de loi, des fonctionnaires publics, peut-être même des médecins, parce que leurs fonctions supérieures, qui n'impliquent pas la matière, sont purement rationnelles, et ne sont pas conséquemment des fonctions industrielles (*).

Nota général pour l'Organisation industrielle. — Il est sans doute superflu de faire remarquer que, dans presque toutes les productions industrielles, entrent concurremment les quatre présents élément organiques, et par conséquent que nous ne distinguons les bénéfices respectifs de ces quatre éléments, sous les noms de *rente*, d'*intérêt*, de *salaire*, et de *gratification*, que parce que, dans chacun de ces éléments organiques, ces bénéfices se rapportent à l'agent principal qui y domine.

b²) Partie *systématique*. = Systèmes économiques de l'industrie sociale (au nombre de quatre).

a³) *Diversité* dans la réunion systématique des éléments primordiaux.

a⁴) Influence *partielle* :

a⁵) Influence de l'*industrie intellectuelle* dans l'industrie physique ; *résultats du commerce* considérés comme source de la richesse sociale. = Système mercantile d'économie sociale (d'après les gouvernements modernes). (I)

b⁵) Influence de l'*industrie physique* dans l'industrie intellectuelle ; *produits de la nature* considérés comme source de la richesse sociale. = Système physiocratique d'économie sociale (d'après Quesnay, et les économistes français). (II)

b⁴) Influence *réciproque* de ces éléments primordiaux ; *harmonie* entre l'industrie physique et l'industrie intellectuelle, par leur *concours télélogique* au bien-être social ; *travail productif* de l'homme considéré comme source de la richesse sociale. = Système industriel d'économie sociale (d'après Adam Smith, et les hommes d'État éclairés). (III)

b³) *Identité finale* dans la réunion systématique des deux éléments distincts, l'*Application initiale* de l'industrie physique et l'*Application finale* de l'industrie intellectuelle, par le moyen de l'élément fondamental, les *Forces industrielles*, qui

(*) Jusqu'à ce jour, on a confondu ces fonctions supérieures, qui dépendent exclusivement du savoir, avec les fonctions industrielles, qui impliquent toujours la matière ; et c'est pourquoi, en réservant, à la rétribution des premières, le nom convenable d'*honoraires*, nous sommes forcés d'introduire, pour le bénéfice de l'industrie d'objets d'art, le nom plus convenable de *gratification*.

leur est commun. — Système dynamique d'économie sociale (d'après notre philosophie absolue). (IV)

Nota général pour les systèmes économiques. — D'après cette déduction génétique, et par conséquent absolue, des différents systèmes d'économie sociale, on reconnaît qu'il ne saurait exister que quatre systèmes d'économie sociale, essentiellement distincts, savoir, le système mercantile, le système physiocratique, le système industriel, et le système dynamique, et par conséquent, que tous les autres prétendus systèmes économiques, tels que ceux de Daniel Voss, de Say, de Malthus, etc., etc., ne sont que des développements, des mélanges, ou des modifications de ces quatre systèmes, du moins des trois premiers qui seuls étaient connus. Et l'on reconnaît de plus, d'après cette déduction génétique, que le système industriel d'Adam Smith devait s'approcher le plus de la vérité, c'est-à-dire, du système dynamique, dans lequel se réalise définitivement toute l'économie sociale. En effet, le système de Smith, en prenant le travail productif pour la source de la richesse, suppose nécessairement une *finalité économique* dans le monde, c'est-à-dire, une harmonie préétablie entre l'action industrielle des forces physiques et celle des forces intellectuelles; et certes, une pareille harmonie ou concours téléologique de ces forces industrielles doit exister; ce qui rapproche beaucoup ce système de la vérité. — Mais, en quoi consiste cette harmonie ou finalité économique, et quelles sont surtout les *diverses forces industrielles* qui y *réagissent ainsi* pour produire la richesse sociale? — C'est là le véritable problème de l'économie sociale; et c'est la solution de ce problème qui est précisément l'objet du système dynamique d'économie, qu'il reste encore à connaître, et dont nous allons produire successivement, d'abord, le développement génétique, et ensuite, la détermination mathématique.

b) *Forme ou Relation industrielle.* (Voyez notre Apodictique.)

B) *Technie ou Autogénie;* ce qu'il *faut faire* pour l'accomplissement de l'industrie sociale. (Voyez de même notre Apodictique, de laquelle nous tirons les extraits présents, et, dont nous négligeons ici les considérations ultérieures pour procéder aux résultats principaux que voici.)

TABLEAU GÉNÉTIQUE DU SYSTÈME DYNAMIQUE D'ÉCONOMIE SOCIALE, D'APRÈS LA LOI DE CRÉATION.

A) *Théorie ou Autothésie;* ce qu'il y a de *donné*, dans l'industrie sociale, pour l'établissement de la richesse et par conséquent de la vraie économie sociale.

  a) *Contenu ou Constitution* économique.

    a2) *Partie élémentaire.* — ÉLÉMENTS DES FORCES ÉCONOMIQUES DE LA SOCIÉTÉ (au nombre de sept).

    a3) *Éléments primitifs.* — FONDATION ÉCONOMIQUE.

    a4) *Élément fondamental;* production humaine de l'action des forces industrielles, physiques et intellectuelles. — ACTION ÉCONOMIQUE DE L'HOMME (Travail). (1)

      Nota. — Ainsi, cette action économique, et par conséquent la valeur de

3.

tout objet industriel qui résulte de cette action, doit avoir, pour *unité absolue de mesure*, le maximum de peine naturelle dont l'homme est capable durant sa vie moyenne. Et par conséquent, toutes les déterminations de la quantité d'emploi et de produit des forces industrielles, physiques et intellectuelles, peuvent et doivent être fixées mathématiquement.

b4) Éléments *primordiaux* :

a5) Action économique *employée* (celle qu'on a donnée) *pour* la production des objets industriels. = Travail dépensé. (II)

b5) Action économique *restituée* (celle qu'on peut commander) par la production des objets industriels. = Travail acquis. (III)

b3) Éléments *dérivés*. = Organisation économique.

a4) Éléments dérivés *immédiats ou distincts* :

a5) Action économique dans le *travail dépensé*. = Forces économiques productives. (IV)

b5) Action économique dans le *travail acquis*. = Forces économiques reproductives. (V)

b4) Éléments dérivés *médiats ou transitifs* :

a5) Transition des forces productives aux forces reproductives, c'est-à-dire, forces productives faisant fonction de forces reproductives. = Fonds de consommation (tout ce qui est compris avec les forces productives). (VI)

Nota. — Ce fonds de consommation est composé de deux parties : l'une qui constitue les *forces productives elles-mêmes*, et l'autre qui est une *partie du bénéfice social*; prises, l'une et l'autre, dans le fonds de la société, par anticipation sur les forces reproductives.

b5) Transition des forces reproductives aux forces productives, c'est-à-dire, forces reproductives faisant fonction de forces productives. = Fonds de dépenses (tout ce qu'il faut défalquer des forces reproductives). (VII)

Nota. — Dans un état régulier d'économie sociale, le fonds de dépenses est nécessairement égal au fonds de consommation ; et par conséquent, ce fonds de dépenses est également composé de deux parties : l'une qui constitue le *fonds de restauration* des forces productives, et l'autre qui constitue le *fonds d'aisance sociale*; prises, l'une et l'autre, dans les forces reproductives.

b2) Partie *systématique*. = Systèmes des forces économiques de la société (au nombre de quatre).

a3) *Diversité* dans la réunion systématique des éléments primordiaux.

a4) Influence *partielle* :

a5) Influence du *travail acquis* dans le travail dépensé; *épargne* du travail dépensé. = Efficacité économique (obtenue par la division du travail et par l'application de machines, propres à en rehausser l'activité). (I)

b5) Influence du *travail dépensé* dans le travail acquis; *épargne* du travail acquis. = Circulation économique (obtenue par l'épargne moyennant la diminution du susdit fonds d'aisance sociale). (II)

b4) Influence *réciproque* de ces éléments primordiaux; *harmonie* entre le travail dépensé et le travail acquis, par leur *concours téléologique* au bien-être sorial ; *fonction productive* de l'action économique de la société. = Richesse sociale (provenant de la réunion harmonique de l'Efficacité et de la Cumulation économiques). (III)

b3) *Identité* finale dans la réunion systématique des deux éléments distincts, les *Forces économiques productives* et les *Forces économiques reproductives*, par le moyen de l'élément fondamental, l'*Action économique de l'homme*, qui leur est commun ; *valeur finale* de cette action économique. = Quantité de la production économique de la société. (IV)

Nota. — C'est ici que commence l'application des mathématiques à l'économie sociale, pour la détermination précise et positive de toutes ses lois ; application dont nous allons produire les principaux résultats, en ne perdant pas de vue que l'*unité de la mesure* de toutes ces forces économiques est celle que nous avons fixée plus haut dans le maximum de la moyenne action économique de l'homme, c'est-à-dire, dans le maximum de la peine naturelle dont l'homme est capable durant sa vie moyenne.

b) *Forme ou Relation* économique. (Voyez notre Apodictique messianique.)

B) *Technie ou Autogénie* ; ce qu'il *faut faire* pour l'accomplissement de la vraie économie sociale. (Voyez de même notre Apodictique, de laquelle, comme nous venons de le dire, nous tirons les présentes *Théories*, et dont nous négligeons ici les considérations ultérieures ou *techniques*, pour procéder de nouveau aux résultats principaux que voici.)

DÉTERMINATION MATHÉMATIQUE DES LOIS DE L'ÉCONOMIE SOCIALE, D'APRÈS LA LOI DE CRÉATION.

A) *Théorie ou Autothésie* ; ce qu'il y a de *donné*, dans le système dynamique de l'économie sociale, pour obtenir la détermination mathématique de ses lois.

a) *Contenu ou Constitution* mathématique de l'économie sociale.

a2) Partie *élémentaire*. = Éléments de la détermination mathématique des lois économiques (au nombre de sept).

a3) Éléments *primitifs*. = Fondation mathématique.

a4) Élément *fondamental*. = Productivité économique. (I)

Nota. — En désignant par P la somme des forces productives, par R celle des forces reproductives, et par σ la productivité économique dont il s'agit, on aura, pour sa détermination, la loi . . . (1)

$$\sigma = \frac{R}{P}.$$

b4) Éléments *primordiaux* :

a5) *Résultat* de la productivité économique. = Bénéfice social. (II)

Nota. — En désignant par B ce bénéfice social, on aura, pour sa détermination, la loi . . . (2)

$$B = R - P.$$

b5) *Action* de la productivité économique. = PUISSANCE SOCIALE. (III)

Nota. — En désignant par ε le degré de cette puissance, on aura, pour sa détermination, l'équation . . . . (3)

$$P^ε = R.$$

b3) *Éléments dérivés.* = ORGANISATION MATHÉMATIQUE.

a3) *Éléments dérivés immédiats ou distincts :*

a3) **La combinaison** de l'idée du bénéfice social avec celle de la productivité économique, conduit à l'idée de la *distribution* de ce bénéfice entre les différentes branches industrielles. = RÉPARTITION ÉCONOMIQUE. (IV)

Nota. — En désignant par *x* cette répartition économique, ce sera là l'inconnue principale de l'économie sociale, que nous déterminerons ci-après, lorsque nous aurons découvert la loi de la susdite *réaction harmonique des diverses forces économiques ;* loi qui, d'après ce que nous avons annoncé, est le grand problème de l'économie sociale.

b3) **La combinaison** de l'idée de la puissance sociale avec celle de la productivité économique, conduit à l'idée de l'*augmentation* du fonds social par l'usage modéré du susdit fonds d'aisance sociale. = ACCROISSEMENT ÉCONOMIQUE. (V)

Nota. — Prenons, pour unité de la mesure du temps, l'intervalle dans lequel les forces productives P donnent les forces reproductives R, et désignons par *t* un temps quelconque, par θ une fonction de ce temps, constituant la *croissance économique* dans la durée qui forme la dernière unité du temps *t*, et par *u* l'*accroissement économique* du fonds social dans la durée totale du temps *t*. — Il est manifeste que cette quantité *u* formera une faculté algorithmique dont l'exposant sera la durée *t*, l'accroissement égal à l'unité, et le dernier facteur égal à la croissance θ. Et nous aurons alors, d'après la formule qui, dans notre *Réfutation de Lagrange*, à la page 121, suit immédiatement la formule (75), pour la différentielle *du* de l'accroissement économique dont il est question, l'expression . . . . (4)

$$du = u.dt.\left\{ θ^{dt|t} - 1 \right\}.$$

Substituant donc, à la place du facteur élémentaire $θ^{dt|t}$, son développement donné par la formule (73) du même ouvrage cité, nous obtiendrons, pour la différentielle en question, l'expression complètement développée . . . . (5)

$$du = u.dt.\left\{ Lθ - θ_1.\left(\frac{dLθ}{dt}\right) + \frac{1}{2}.θ_2.\left(\frac{d^2 Lθ}{dt^2}\right) \right. $$
$$\left. - \frac{1}{1.2}.θ_3.\left(\frac{d^3 Lθ}{dt^3}\right) + \frac{1}{1.2.3}.θ_4.\left(\frac{d^4 Lθ}{dt^4}\right) - \text{etc.}, \text{etc.} \right\} ;$$

dans laquelle les coefficients Θ_1, Θ_2, Θ_3, etc., forment la suite des *nombres de Bernoulli*, savoir . . . (6)

$$\Theta_1 = +\frac{1}{2}, \quad \Theta_2 = +\frac{1}{12}, \quad \Theta_3 = 0, \quad \Theta_4 = -\frac{1}{120},$$

$$\Theta_5 = 0, \quad \Theta_6 = +\frac{1}{252}, \quad \Theta_7 = 0, \quad \Theta_8 = -\frac{1}{240}, \text{ etc., etc.}$$

Quant à la quantité θ qui constitue ici la croissance économique, si l'on fait d'abord abstraction du temps t dont cette quantité θ est fonction, et si l'on dénote par β la partie du bénéfice social B qui est consommée, c'est-à-dire, la partie qui, d'après ce que nous avons fixé plus haut, forme le fonds d'aisance sociale, on aura manifestement, pour cette croissance économique θ, dans la dernière unité du temps t, l'expression
. . . (7)

$$\theta = \frac{R - \beta B}{P};$$

c'est-à-dire . . . (8)

$$\theta = \varpi - \beta(\varpi - 1);$$

où l'on voit que cette croissance économique θ dépend effectivement de la productivité ϖ, qui en est le terme lorsque $\beta = 0$, c'est-à-dire, lorsque rien du bénéfice social B ne serait consommé.

C'est ici le lieu de faire remarquer que c'est précisément de cette quantité β que dépendent les progrès de la prospérité économique des nations. — En effet, tant que β est au-dessous de l'unité, la croissance θ est réelle, et l'accroissement a du fonds social est d'autant plus rapide que la quantité β est plus proche de zéro. Lorsque cette quantité β est égale à l'unité, la croissance θ est aussi égale à l'unité, et l'accroissement économique a est stationnaire. Enfin, lorsque, par suite de guerres ou d'autres déprédations publiques, comme par exemple sous le gouvernement provisoire de la dernière révolution française, la quantité β est plus grande que l'unité, la croissance θ devient inverse, et l'accroissement économique a devient un décroissement du fonds social, d'autant plus rapide que la quantité β est plus grande. — Il s'ensuit aussi qu'entre des nations voisines, chez lesquelles les circonstances économiques sont à peu près les mêmes, les progrès de leur prospérité sont précisément en raison inverse de cette partie β de la consommation du bénéfice B; et souvent il ne faut pas d'autres raisons pour expliquer la différence de leurs richesses, par exemple, en Angleterre et en France.

Pour ce qui concerne enfin l'expression de la croissance économique θ en fonction du temps t, on conçoit que, par la raison que la productivité économique ϖ dépend de l'*efficacité* et de la *cumulation* économiques, comme nous l'avons reconnu plus haut, on ne saurait exprimer à priori cette productivité ϖ, ni par conséquent la croissance θ qui, d'après l'expression (8), en dépend à son tour. — Toutefois, on peut assigner à priori la forme de cette fonction θ, savoir . . . (9)

$$\theta = \Delta' + \varkappa.t + \lambda.t^2 + \mu.t^3 + \nu.t^4 + \text{etc.} ;$$

les quantités Δ, et $\varkappa$, λ, μ, ν, etc., étant des constantes déterminées par les circonstances économiques de la société et pouvant être reconnues par l'expérience.

Ainsi, substituant cette fonction dans l'équation différentielle (5), l'intégration de cette équation donnera, pour l'accroissement a du fonds social, l'expression rigoureuse et très-simple . . . (10)

$$ a = t.\text{L}\Delta. \left\{ 1 + \varkappa.\left(\tfrac{1}{2}.t - \Theta_1 \right) + \lambda.\left(\tfrac{1}{3}.t^2 - \Theta_1.t + 2.\Theta_2 \right) + \right.$$
$$ + \mu.\left(\tfrac{1}{4}.t^3 - \Theta_1.t^2 + 3.\Theta_2.t - 3.\Theta_3 \right) + $$
$$ + \nu.\left(\tfrac{1}{5}.t^4 - \Theta_1.t^3 + 4.\Theta_2.t^2 - 6.\Theta_3.t + 4.\Theta_4 \right) + $$
$$ \left. + \text{etc., etc.} \right\} .$$

Et pour la détermination des constantes Δ, et $\varkappa$, λ, μ, ν, etc., on aura, d'après les expressions (7) et (9), l'équation générale . . . (11)

$$\frac{R - \beta.(R - P)}{P} = \Delta' + \varkappa.t + \lambda.t^2 + \mu.t^3 + \nu.t^4 + \text{etc.} ;$$

avec laquelle, en connaissant les forces productives P et les forces reproductives R, ainsi que la partie β de la consommation, on pourra former, pour différentes époques du temps t, autant d'équations particulières et différentes que l'on voudra, pour la détermination des constantes Δ, et $\varkappa$, λ, μ, ν, etc., en question.

Il faut ici remarquer que, dans les circonstances ordinaires de l'économie sociale, où la croissance θ est sensiblement constante, la forme (9) de cette fonction montre que l'on a alors les valeurs . . . (12)

$$\varkappa = \lambda = \mu = \nu = \text{etc.} = 0.$$

Et avec ces valeurs, l'expression générale ou la loi (10) de l'économie sociale donnera, pour l'accroissement économique a, la quantité . . . (13)

$$a = \Delta^t ;$$

où l'on voit que cet accroissement du fonds social forme, par rapport au temps t, une progression géométrique . . . (14)

$$1, \quad \Delta, \quad \Delta^2, \quad \Delta^3, \quad \Delta^4, \quad \text{etc., etc.}$$

On reconnaît par là, d'une part, combien est erronée l'estimation de Malthus qui réduisait cette progression géométrique à une simple progression arithmétique, et de l'autre part, combien est mal fondée la prétention de M. Proudhon qui, dans cette fausse estimation de Malthus, voulait trouver un principe de la destruction de l'ordre économique de la société. En général, on est surpris de voir des hommes, tels que Malthus et Proudhon, qui, sans connaître la science, veulent faire de pareilles estimations scientifiques, dont la détermination, comme on vient de le voir, exige les moyens les plus élevés de la science. — Mais poursuivons ces décisives déterminations mathématiques des lois de l'économie sociale.

b4) Éléments dérivés *médiats ou transitifs* :

a5) Transition de la distribution du bénéfice social à l'augmentation du fonds social, c'est-à-dire, répartition économique faisant fonction d'accroissement économique par le *concours* des différentes branches industrielles. = CONCURRENCE ÉCONOMIQUE. (VI)

Nota. — Dénotant toujours par e la base des logarithmes naturels, soit r la quantité de travail ou de forces productives que, dans un état donné de l'économie sociale, *on demande* à une certaine branche industrielle, et soit s la quantité de ces forces que cette branche *offre au marché social*, la concurrence économique de cette branche industrielle, en la désignant par $\mathfrak{C}$, aura, pour sa détermination, la loi . . . . (15)

$$ e^{\mathfrak{C}} = \frac{s}{r}, \qquad \text{ou bien} \quad \mathfrak{C} = \mathrm{L}\!\left(\frac{s}{r}\right); $$

où l'on voit que cette concurrence est zéro lorsque les forces demandées r et les forces offertes s sont égales.

b5) Transition de l'augmentation du fonds social à la distribution du bénéfice social, c'est-à-dire, accroissement économique faisant fonction de répartition économique par la *périodicité* de ce bénéfice social. = RETOUR ÉCONOMIQUE. (VII)

Nota. — Dénotant toujours par π la circonférence du cercle dont le rayon est égal à l'unité, soit ρ une fonction périodique qui, à chaque retour de l'actuel bénéfice social B, devient réelle et égale à l'unité, et qui, lorsque ce retour n'est pas accompli, est idéale (imaginaire), on aura, pour la détermination des époques t de ce *retour* du même bénéfice primitif B, l'équation . . . (16)

$$ \rho = \cos\!\left(\frac{\Delta' - 1}{\Delta - 1}\right) + \sin\!\left(\frac{\Delta' - 1}{\Delta - 1}\right).\sqrt{-1}\; ; $$

aussi longtemps que la croissance économique θ est constante, en ne perdant pas de vue que l'on a ici . . . (17)

$$ \frac{\Delta' - 1}{\Delta - 1} = 1 + \Delta + \Delta^2 + \Delta^3 \ldots + \Delta'^{-1}, $$

c'est-à-dire, la somme de la susdite progression géométrique (14). — Ainsi, désignant par n le nombre de ces retours, c'est-à-dire, le nombre de fois dont se trouve reproduit le bénéfice primitif B dans le temps t, par le moyen des bénéfices croissants avec l'accroissement a du fonds social, on aura l'équation . . . (18)

4

$$n = \frac{\Delta' - 1}{\Delta - 1},$$

qui donnera, pour la détermination des époques t des retours en question, la loi . . . (19)

$$t = \frac{L\{n\Delta - (n - 1)\}}{L\Delta};$$

en supposant toujours, comme cela arrive effectivement dans les circonstances ordinaires, que la croissance économique θ demeure sensiblement constante.

b2) Partie *systématique*. = Système de la détermination mathématique des lois économiques (au nombre de quatre).

a3) *Diversité* dans la réunion systématique des éléments primordiaux.

a4) Influence *partielle* :

a5) Influence du *bénéfice social* dans la puissance sociale ; *réduction des forces reproductives.* = Escompte social. (I)

Nota. — Désignant par s cet escompte social, on a, pour sa détermination, la loi . . . (20)

$$s = \frac{B}{R};$$

et par conséquent . . . (21)

$$1 - s = \frac{1}{\mho}.$$

Ainsi, l'escompte s forme la partie dont il faut diminuer une portion quelconque des forces reproductives R, pour être réduite à sa valeur initiale dans les forces productives P. — Il s'ensuit que si l'on désigne par M la valeur initiale du bénéfice social B, obtenu dans le temps t, on aura, pour la détermination de cette valeur initiale, la loi . . . (22)

$$M = \left(\frac{1 - s}{1 - \beta^t}\right)'.B;$$

durant l'intervalle t, dans lequel, non-seulement la croissance économique θ, mais de plus la productivité économique $\mho$ et la partie β qui forme le fonds de consommation, demeureront sensiblement constantes.

b5) Influence de la *puissance sociale* dans le bénéfice social ; *composition des forces productives.* = Intérêt social. (II)

Nota. — Désignant par η cet intérêt social, on a, pour sa détermination, la loi . . . (23)

$$\eta = \frac{B}{P};$$

et par conséquent . . . (24)

$$1 + \eta = \mho.$$

Ainsi, l'intérêt v, forme la partie dont il faut augmenter une portion quelconque des forces productives P, pour être amenée à sa valeur finale dans les forces reproductives R. — Il s'ensuit de nouveau que si l'on désigne par N la valeur finale du bénéfice social obtenu dans le temps t, sa valeur initiale étant B, on aura, pour la détermination de cette valeur finale, la loi . . . (25)

$$ N = \left\{ 1 + (1 - \zeta) . v \right\}^{t} . B ; $$

durant l'intervalle t, dans lequel de même, non-seulement la croissance économique θ, mais de plus la productivité économique ϖ et la partie ζ qui forme le fonds de consommation, demeurent sensiblement constantes.

b) Influence *réciproque* de ces éléments primordiaux; *harmonie* entre le bénéfice social et la puissance sociale, par leur *concours téléologique* au bien-être social; *réaction économique des forces industrielles, physiques et intellectuelles*. = FORTUNE SOCIALE. (III)

Nota. — C'est ici que se manifeste cette finalité économique ou harmonie préétablie qui existe entre l'action économique des forces physiques et celle des forces intellectuelles, harmonie sur laquelle, comme nous l'avons vu plus haut, se trouve fondé, à son insu, le système industriel d'Adam Smith. Et par conséquent, c'est ici que nous devons dévoiler cette mystérieuse harmonie ou finalité économique, sur laquelle reposent toutes les opérations de l'économie sociale; opérations qui doivent enfin être fixées dans le présent système dynamique. — Nous allons le faire en découvrant la *loi de la réaction économique* entre toutes les forces industrielles qui concourent à l'économie sociale, et qui, précisément dans l'équilibre résultant de leur réaction, établissent cette grande harmonie économique dont il s'agit.

Soient C_1, C_2, C_3, . . . C_μ les concurrences économiques de μ branches industrielles différentes, d'exploitation et de commerce, d'objets de besoin et d'objets d'art, qui sont en réaction dans un même marché de la société; soient de plus P_1, P_2, P_3, . . . P_μ les forces productives que, dans ce marché social, on demande respectivement à ces μ branches industrielles; et soient x_1, x_2, x_3, . . . x_μ leurs parts respectives dans la répartition du bénéfice social B. Ce sont principalement ces parts qu'il faut déterminer, en considérant, dans toute sa généralité, le nombre μ de ces diverses branches industrielles qui concourent à l'économie sociale.

Pour cela, observons d'abord que l'on a . . . (26)

$$ P = P_1 + P_2 + P_3 \ . \ . \ . + P_\mu ; $$

et formons les fonctions de concurrences économiques que voici . . . (27)

$$ C_1 = e^{C_1}, \quad C_2 = e^{C_2}, \quad C_3 = e^{C_3}, \ . \ . \ . \ C_\mu = e^{C_\mu} ; $$

dont les valeurs respectives sont données par la susdite loi (15). Formons alors auxiliairement les quantités . . . (28)

$$S = C_1 + C_2 + C_3 \ldots \ldots + C_\mu,$$

$$T = C_1.P_1 + C_2.P_2 + C_3.P_3 \ldots \ldots + C_\mu.P_\mu;$$

et de plus . . . (29)
$$a_1 = S - C_1,$$
$$a_2 = S - C_2,$$
$$a_3 = S - C_3,$$

$$a_\mu = S - C_\mu.$$

Avec ces quantités, construisons finalement les deux quantités constantes . . .
. . . (3o)

$$Q = \frac{C_1}{a_1} + \frac{C_2}{a_2} + \frac{C_3}{a_3} \ldots + \frac{C_\mu}{a_\mu},$$

$$q = \frac{1}{a_1} + \frac{1}{a_2} + \frac{1}{a_3} \ldots + \frac{1}{a_\mu}.$$

Et nous aurons, pour la loi demandée de la répartition du bénéfice social,
c'est-à-dire, en principe, pour la *loi de la réaction téléologique* de toutes les
μ branches industrielles, l'expression générale et très-simple . . . (31)

$$o = B.P_\omega.\left\{ (1 + Q) - q.C_\omega \right\} - x_\omega.\left\{ (1 + Q).P - q.T \right\};$$

en désignant, par l'indice ω, l'une quelconque de ces μ branches industrielles. Et en effet, de cette expression générale dérive immédiatement la *loi de
la répartition économique* du bénéfice social, savoir . . . (32)

$$x_\omega = \frac{B.P_\omega.\left| (1 + Q) - q.C_\omega \right|}{(1 + Q).P - q.T}.$$

Ainsi, d'après cette loi, les parts respectives du bénéfice social, dans ces diverses branches industrielles, seront . . . (33)

$$x_1 = B.\frac{P_1}{P}.\frac{(1 + Q) - q.C_1}{(1 + Q) - q.U},$$

$$x_2 = B.\frac{P_2}{P}.\frac{(1 + Q) - q.C_2}{(1 + Q) - q.U}$$

$$x_\mu = B.\frac{P_\mu}{P}.\frac{(1 + Q) - q.C_\mu}{(1 + Q) - q.U};$$

en faisant auxiliairement . . . (34)

$$U = \frac{T}{P} = \frac{C_1.P_1 + C_2.P_2 + C_3.P_3 \ldots + C_\mu.P_\mu}{P_1 + P_2 + P_3 \ldots + P_\mu}.$$

C'est donc là manifestement, dans les lois (31) ou (32), cette remarquable *homogénéité* qui se trouve introduite entre les innombrables branches industrielles, toutes *hétérogènes*, qui concourent à l'économie sociale. Et par conséquent, c'est dans ces lois que se réalise cette *finalité* ou *harmonie*, ce concours *téléologique* qui constitue la mystérieuse essence de cette importante économie. — On conçoit conséquemment que c'est de ces lois téléologiques (31) ou (32) que dérivent tous les résultats principaux qui concernent l'économie sociale. Nous nous bornerons ici à en déduire un seul de ces résultats, celui qui est en quelque sorte fondamental.

Désignons par x_1, x_2, x_3, ... x_μ les respectifs intérêts économiques dans les μ branches industrielles dont il s'agit, intérêts qui proviennent de la répartition de l'intérêt social x que nous avons fixé par la loi (23). Nous aurons, d'après cette même loi, les valeurs . . . . (35)

$$x_1 = \frac{x_1}{P_1}, \quad x_2 = \frac{x_2}{P_2}, \quad x_3 = \frac{x_3}{P_3}, \quad \ldots \quad x_\mu = \frac{x_\mu}{P_\mu}.$$

Et alors, la loi (32) de la répartition du bénéfice social B donnera, pour la détermination de ces intérêts partiels, l'expression générale . . . . (36)

$$x_\omega = x \cdot \frac{(1+Q) - q \cdot C_\omega}{(1+Q) - q \cdot U}.$$

Or, si l'on compare ces intérêts partiels des différentes branches industrielles avec l'intérêt général x de la société, et si l'on désigne par Φ_1, Φ_2, Φ_3, ... Φ_μ leurs différences respectives, on aura généralement, pour ces différences, l'expression . . . . (37)

$$\Phi_\omega = x_\omega - x = x \cdot \frac{q \cdot (U - C_\omega)}{(1+Q) - q \cdot U};$$

et c'est là manifestement la *fortune économique* de chaque spéciale branche industrielle; fortune qui précisément attire ou repousse les capitaux employés dans cette branche. — En effet, trois cas se présentent ici, savoir . . . . (38)

$$T = P.C_\omega, \quad T > P.C_\omega, \quad T < P.C_\omega.$$

Dans le premier de ces trois cas, la fortune Φ_ω est *nulle*, c'est-à-dire, l'intérêt partiel x_ω de cette branche industrielle est égal à l'intérêt total x de la société; et il n'existe ainsi, dans cette branche, aucune force pour y attirer ou pour en repousser les capitaux. Dans le second cas, la fortune Φ_ω est *positive*, c'est-à-dire, l'intérêt partiel x_ω de cette branche industrielle est plus grand que l'intérêt total x de la société; et il forme ainsi une force d'attraction économique, d'autant plus puissante que la différence Φ_ω est plus grande; attraction qui y augmente la concurrence 6ω et par conséquent la fonction C_ω de cette concurrence, jusqu'à ce que la formule (37) donne zéro. Enfin, dans le troisième cas, la fortune Φ_ω est *négative*, c'est-à-dire, l'intérêt partiel z_ω de cette branche industrielle est plus petit que l'intérêt total z de la société; et il forme ainsi une force de répulsion économique, d'autant plus puissante que la différence Φ_ω est plus grande; répulsion qui y diminue la concurrence ε_ω et par conséquent la fonction C_ω de cette concurrence, jusqu'à ce que, à son tour, la formule (37) donne ici zéro.

C'est ainsi que s'établit, en quelque sorte spontanément, une tendance permanente à un *équilibre économique* entre toutes les branches qui concourent à l'économie sociale; et l'on voit que ce décisif équilibre, sur lequel précisément repose la prospérité sociale, doit nécessairement être dérangé, non-seulement par l'influence de circonstances politiques, mais surtout par l'influence d'ignares gestions économiques, prétenduement socialistiques, et en réalité entièrement contraires aux vraies lois de l'économie sociale.

Les limites de cet opuscule ne nous permettent pas de nous étendre ici davantage. — Nous terminerons donc ces déterminations scientifiques concernant la *fortune sociale*, en les éclaircissant par un exemple numérique.

Considérons en masse les diverses branches industrielles qui forment respectivement les quatre classes fondamentales de l'économie sociale, savoir, l'*industrie d'exploitation*, l'*industrie commerciale*, l'*industrie d'objets de besoin*, et l'*industrie d'objets d'art*, telles que nous les avons déduites plus haut dans le tableau génétique de la formation de l'industrie sociale. Et calculons, d'après les lois présentes, leurs bénéfices respectifs et leurs réactions réciproques, en ne perdant pas de vue que, d'après le tableau génétique que nous venons de rappeler, leurs bénéfices essentiels constituent respectivement la *rente*, l'*intérêt*, le *salaire*, et la *gratification*.

Partageons la somme P ces forces productives en cent parties p, c'est-à-dire, faisons $P = 100.p$; et supposons que les forces productives que l'on demande dans ces quatre classes fondamentales de l'industrie sociale, soient . . . (39)

Dans l'industrie d'exploitation . . . . $P_1 = 40.p$.
Dans l'industrie commerciale . . . . $P_2 = 30.p$.
Dans l'industrie d'objets de besoin . . . . $P_3 = 20.p$.
Dans l'industrie d'objets d'art . . . . $P_4 = 10.p$.

Supposons de plus que, par suite de circonstances politiques ou autres, étrangères à l'économie sociale, l'équilibre économique soit dérangé au point que les concurrences respectives ε_1, ε_2, ε_3, ε_4 de ces quatre classes fondamentales soient . . . (40)

$$\varepsilon_1 = L_1, \quad \varepsilon_2 = L_2, \quad \varepsilon_3 = L_3, \quad \varepsilon_4 = L_4;$$

et par conséquent, que les fonctions (37) de ces concurrences économiques soient . . . . (41)

$$C_1 = 1, \quad C_2 = 2, \quad C_3 = 3, \quad C_4 = 4,$$

en calculant ces concurrences (40), et par conséquent leurs fonctions (41), d'après la loi générale (15). — Alors, si l'on désigne par x_1, x_2, x_3, x_4, les parts respectives que ces quatre classes fondamentales d'industrie prendraient dans le bénéfice social B, les lois (32) et (33) donneraient, pour ces parts, les valeurs . . . . (42)

Pour la *rente* (foncière). . . . . $x_1 = B.\dfrac{3852}{6880}$;

Pour l'*intérêt* (commercial). . . . . $x_2 = B.\dfrac{2064}{6880}$;

Pour le *salaire* (comme bénéfice). . . . . . $x_3 = B.\dfrac{826}{6880}$;

Pour la *gratification* (comme bénéfice). . . $x_4 = B.\dfrac{138}{6880}$;

en dénotant toujours par B le bénéfice total que la société retire de l'emploi ou de la dépense de la somme P ou 100.p des forces productives.

Désignant de plus par z_1, z_2, z_3, z_4, les susdits intérêts partiels dans les mêmes quatre classes fondamentales de l'industrie sociale, et toujours par z le susdit intérêt total de la société, la loi (36) donnerait, dans les circonstances supposées, pour ces intérêts partiels, les valeurs . . . (43)

Pour l'intérêt dans la rente. . . . . $z_1 = z.\dfrac{963}{688}$;

Pour le taux de l'intérêt commercial. . . . . $z_2 = z.\dfrac{688}{688}$;

Pour l'intérêt dans le salaire. . . . . $z_3 = z.\dfrac{413}{688}$;

Pour l'intérêt dans la gratification. . . . . . $z_4 = z.\dfrac{138}{688}$.

Enfin, désignant par Φ_1, Φ_2, Φ_3, Φ_4, les fortunes respectives de ces quatre classes fondamentales d'industrie, sous les circonstances que nous leur avons supposées, la loi (37) donnerait, pour ces fortunes, les valeurs . . . . . . (44)

Pour l'industrie d'exploitation. . . . . . $\Phi_1 = + z.\dfrac{275}{688}$;

Pour l'industrie commerciale. . . . . . . $\Phi_2 = 0$;

Pour l'industrie d'objets de besoin. . . . $\Phi_3 = - z.\dfrac{275}{688}$;

Pour l'industrie d'objets d'art. . . . . . $\Phi_4 = - z.\dfrac{550}{688}$;

où l'on verrait le cas, contraire à celui que l'on croit exister aujourd'hui en France, nommément le cas dans lequel l'industrie des campagnes attirerait le travail autant précisément que le repousserait l'industrie des villes, et dans lequel l'industrie ou l'utilisation des capitaux demeurerait indifférente pour ce revirement des autres industries.

Telles (32), (36), (37), sont donc les lois éternelles et immuables qui régissent principalement l'économie sociale, nommément, la répartition du bénéfice social entre les différentes branches industrielles, les intérêts respectifs de ces différentes branches, et leurs fortunes spéciales. Et par conséquent, ces lois qui régissent ainsi l'*ordre physique* de la société, à l'instar de toutes celles qui régissent la *nature* ou l'ordre physique dans le monde, sont indépendantes de la volonté humaine. Comme telles, ces lois, purement physiques, ne doivent pas être confondues avec les lois *morales*, nommément avec les lois *politiques*, qui, à l'instar de toutes celles qui régissent la *liberté* ou l'ordre hyperphysique dans le monde, dépendent exclusivement de la volonté humaine. — Ainsi, toutes les acquisitions humaines qui, de tout temps, jusqu'à ce jour, ont été faites conformément à ces lois physiques et immuables, sont *justes*, parce que précisément, comme ces lois, dépendant de la nature physique de l'homme, ces acquisitions sont *immuables*. Et comme telles, étant ainsi légitimées nécessairement au tribunal des hommes, puisqu'elles le sont originairement au tribunal de Dieu, du Créateur de cet ordre physique ou de cet ordre des choses, les acquisitions humaines faites sous les auspices de ces immuables lois physiques ou divines, constituent la **PROPRIÉTÉ**, c'est-à-dire, la possession, inviolable moralement, des choses acquises ainsi. — On voit par là qu'il n'y a qu'une profonde ignorance ou une profonde immoralité qui, sous un prétexte quelconque, peut vouloir attenter à cette sainte légitimité du droit de la propriété (*). — Mais, poursuivons ou plutôt termi-

---

(*) La déduction que nous venons de donner du *droit de la propriété*, n'est encore qu'une déduction purement *mathématique*; et c'est la seule possible sous les conditions physiques de l'intelligence humaine. La vraie déduction du droit de propriété, la déduction *philosophique*, postule les conditions hyperphysiques de l'homme, c'est-à-dire, la connaissance des vérités absolues. C'est en vain que, hors de cette connaissance supérieure, on tenterait de donner la déduction de ce fondamental droit de propriété. Toutes les diverses déductions, sous les différents noms de juridiques, politiques, historiques, etc., que l'on ne cesse de produire, aujourd'hui que ce droit de propriété se trouve contesté, sont nécessairement de simples pétitions de principes ou même de vicieux cercles logiques, tant que l'on reste en dehors des régions des vérités absolues. Voyez, entre autres, les déductions que produisent ainsi MM. Thiers et Cousin. — C'est même précisément à cause que les nations civilisées ne peuvent plus concevoir ces régions supérieures, qu'il se trouve chez elles des hommes qui contestent le droit de propriété, et qu'il ne peut s'en trouver qui soient capables de défendre ce droit sacré. — Pour vous former une idée des régions hyperphysiques, et par conséquent des vérités absolues, auxquelles il faut remonter pour pouvoir déduire philosophiquement le droit de propriété, lisez, dans la Métapolitique messianique, dans notre philosophie absolue de la politique, les pages 181 et suivantes, où se trouve donnée cette haute et irréfragable déduction; lisez même seulement la page 181, où est donnée la déduction générale des *droits* et des *devoirs* des hommes.

nons la présente déduction génétique de la détermination mathématique que reçoivent les lois de l'économie sociale.

b3) *Identité* finale dans la réunion systématique des deux éléments distincts, la *Répartition économique* et l'*Accroissement économique*, par le moyen de l'élément fondamental, la *Productivité économique*, qui leur est commun ; *égalité* entre le produit arithmétique de la croissance économique θ par les forces productives P, et la somme du fonds de l'aisance sociale βB et de ces mêmes forces productives P. = Prospérité sociale ou Condition du loisir social. (IV)

Nota. — Ainsi, le maximum de la prospérité sociale se trouvera, dans tous les cas, déterminé par l'équation . . . (45)

$$P + \beta B = \theta . P,$$

qui servira à faire connaître la part β du bénéfice social, nommément, la part β qui est la plus convenable à la consommation, pour satisfaire, tout à la fois, et à l'aisance sociale, et à l'accroissement du fonds social, progressivement avec l'accroissement de la population. Il faut savoir, en effet, comme cela est manifeste, que le fonds d'aisance sociale βB est la condition du loisir que l'homme obtient par l'économie sociale, et de plus que l'accroissement (θ — 1).P des forces productives est la condition de l'accroissement de la population. — Or, le loisir que l'homme obtient ainsi de l'économie sociale, le met à même de se livrer à d'autres occupations que celles de son bien-être physique, nommément, à des occupations intellectuelles et morales. Par là, l'économie sociale, qui procure ainsi à l'homme les moyens de s'adonner à ses véritables destinées, reçoit elle-même une *valeur morale*, et devient, sous cet aspect, du moins à certains égards, un objet indirect de la politique, au delà de ce qui, dans la sûreté de l'exercice de l'économie sociale, constitue déjà un object direct de la politique. — De plus, l'accroissement de la population, qui procure à l'homme les douceurs de la paternité, cette haute espèce d'immortalité qu'il peut déjà anticiper sur la terre, reçoit également, par cette procréation progressive des êtres raisonnables, une *valeur morale*, et devient aussi, sous cet aspect, un objet indirect de la politique, au delà de ce qui, dans la sûreté des familles, constitue déjà un objet direct de la politique.

Et pour déduire maintenant, de la présente équation (45), qui fixe ces conditions de la prospérité sociale, la valeur la plus convenable de la part β en question, il suffit de substituer, dans cette équation, la détermination (7) de la croissance économique θ ; et l'on aura l'équation . . . (46)

$$P + \beta B = R - \beta B ;$$

de laquelle on tire immédiatement, pour la part β, la valeur . . . (47)

$$\beta = \frac{1}{2} ;$$

valeur qu'on pouvait prévoir à priori, en se plaçant dans un sage milieu entre l'aisance sociale et l'accroissement de la population.

5

b) *Forme* ou *Relation* mathématique de l'économie sociale. = Ce sont tous les différents rapports et équations qui se trouvent entre les diverses quantités économiques que nous venons de déterminer.

B) *Technie* ou *Autogénie ; ce qu'il faut faire*, dans le système dynamique d'économie sociale, pour obtenir son accomplissement mathématique.

Nota. — Nous nous bornerons ici, pour cet accomplissement mathématique de l'économie sociale, à déduire brièvement, des présentes lois que nous venons de déterminer, leurs diverses conséquences sous les trois principes souverains de la législation politique de la société, savoir, 1°. sous le principe de l'exclusive souveraineté nationale ou humaine, 2°. sous le principe de l'exclusive souveraineté morale ou divine, et 3°. sous le principe de l'identification de ces deux souverainetés, humaine et divine, par la souveraineté rationnelle ou absolue. — Nous le ferons séparément dans les trois paragraphes suivants.

§ I. — *Conséquences mathématiques des lois économiques sous le principe législatif de l'exclusive souveraineté nationale ou humaine* (souveraineté du peuple).

Sous cette législation exclusive de la souveraineté du peuple, le *droit au travail* est un principe fondamental, même un principe modéré et par conséquent moral, de la constitution de l'État, comme nous l'avons déjà reconnu plus haut (*). Et avec ce droit, la distinction entre le travail demandé *r* et le travail offert *s*, dans toute branche industrielle, cesse nécessairement ; de sorte que, d'après la loi générale (15) de la concurrence économique, on a alors, pour cette concurrence, la détermination spéciale . . . . (48)

$$s^{\delta} = \frac{s}{r} = 1 ; \quad \text{et par conséquent,} \quad 6 = L_3 = 0 ;$$

c'est-à-dire que, sous le principe législatif de l'exclusive souveraineté du peuple, la concurrence économique est zéro, ce qui veut dire qu'il ne doit pas alors exister de concurrence industrielle dans la société. — Nous aurons donc alors, pour les fonctions de concurrence (27), les valeurs . . . . (49)

$$C_1 = 1, \quad C_2 = 1, \quad C_3 = 1, \quad . . \quad C_\mu = 1.$$

Et par conséquent, les quantités auxiliaires (28) et (29) seront alors . . . . (50)

(*) Aussi, malgré les craintes qu'inspire ce droit au travail, les législateurs français, qui ont préparé et modifié le projet de la constitution politique de la France, en y établissant le principe de la souveraineté nationale ou humaine, n'ont-ils pu, ni logiquement, ni même moralement, méconnaître et effacer ce droit au travail ; car, comme le dit très-expressément M. Marrast, dans son savant rapport sur cette constitution :

« La forme est changée, le fond reste le même. »

$$S = \mu, \qquad T = P, \qquad \text{et}$$
$$a_1 = a_2 = a_3 \ldots = a_\mu = (\mu - 1);$$

et elles donneront, pour les trois quantités constantes (30) et (34), les valeurs
. . . . (51)

$$Q = q = \frac{\mu}{\mu - 1}, \qquad \text{et} \quad U = 1.$$

Ainsi, les lois générales (32) et (33) de la répartition du bénéfice social B,
donneraient d'abord, sous ce principe de l'exclusive souveraineté du peuple, les
parts . . . . (52)

$$x_1 = B.\frac{P_1}{P}, \qquad x_2 = B.\frac{P_2}{P}, \qquad x_3 = B.\frac{P_3}{P}, \qquad \text{etc., etc.;}$$

et généralement . . . (53)

$$x_\mu = B.\frac{P_\mu}{P}:$$

c'est-à-dire que la répartition du bénéfice social B entre les différentes branches industrielles serait alors exactement proportionnelle aux parts P_1, P_2, P_3,
. . . . P_μ du travail ou des forces productives qui ont été employées réellement dans ces différentes branches. Il s'ensuivrait que les trois conditions (38)
de l'*équilibre économique* entre les différentes branches industrielles se réduiraient
à la condition d'identité . . . (54)

$$P = P;$$

condition qui ferait cesser toute tendance à ce normal *équilibre économique*, et
qui rendrait conséquemment impossible toute réaction économique entre les différentes branches industrielles; ce qui causerait déjà un très-grand désordre
dans l'économie sociale. — Mais, à côté de ce grand désordre, il se trouverait,
par suite de la répartition primitive (52) du bénéfice social B, un désordre
beaucoup plus grand et même tout à fait destructif de l'ordre économique de
la société. Pour le reconnaître, il suffit de considérer en masse les quatre
classes fondamentales de l'industrie sociale, en supposant ainsi que le travail ou
les forces productives qui sont employées réellement dans ces quatre classes industrielles, soient respectivement P_1 dans l'industrie d'exploitation, pour la production de la *rente*, P_2 dans l'industrie commerciale, pour la production de
l'*intérêt*, P_3 dans l'industrie d'objets de besoin, pour la production du *salaire*,
et P_4 dans l'industrie d'objets d'art, pour la production de la *gratification*;
de sorte que la répartition primitive (52) du bénéfice social B entre ces quatre
classes, sous le principe législatif de l'exclusive souveraineté du peuple, serait
. . . . (55)

$$x_1 = B.\frac{P_1}{P}, \qquad x_2 = B.\frac{P_2}{P}, \qquad x_3 = B.\frac{P_3}{P}, \qquad x_4 = B.\frac{P_4}{P}.$$

Mais, en vertu du droit au travail, la classe salariée aurait droit de substituer ici, à la place du travail P_3 employé réellement, le travail total qu'elle offre au marché social, et que nous désignerons par (P_3); tout en n'admettant, pour les trois autres classes, que le travail ou les forces réelles P_1, P_2, P_4, qui y ont été employées réellement, parce que le droit au travail ne s'étend qu'au travail personnellement disponible, et nullement au travail accumulé dans le fonds social, nommément dans le fonds des trois autres classes industrielles. La part du bénéfice social B de la classe salariée, part que nous désignerons par ξ_3, serait donc très-légalement . . . (56)

$$\xi_3 = B.\frac{(P_3)}{P};$$

et la différence . . . (57)

$$\xi_3 - x_3 = B.\frac{(P_3) - P_3}{P};$$

devrait, tout aussi légalement, être fournie par les trois autres classes fondamentales; de sorte qu'en désignant aussi par ξ_1, ξ_2, ξ_4, leurs parts finales du bénéfice social B, on aurait définitivement, sous le principe exclusif de la souveraineté du peuple, en vertu du droit au travail, pour la répartition du bénéfice social B, la détermination légale . . . (58)

$$\xi_1 = B.\frac{k.P_1}{P}, \quad \xi_2 = B.\frac{k.P_2}{P}, \quad \xi_3 = B.\frac{(P_3)}{P}, \quad \xi_4 = B.\frac{k.P_4}{P};$$

en faisant auxiliairement . . . . (59)

$$k = 1 - \frac{(P_3) - P_3}{P_1 + P_2 + P_4}.$$

On aurait, en effet, pour la somme de ces quatre parts du bénéfice social B, la quantité exacte . . . (60)

$$\xi_1 + \xi_2 + \xi_3 + \xi_4 = \frac{B}{P}.\left\{ k.(P_1 + P_2 + P_4) + (P_3) \right\} = B.$$

Mais, la somme des trois parts ξ_1, ξ_2, ξ_4 des trois classes qui possèdent le fonds social, serait . . . (61)

$$\xi_1 + \xi_2 + \xi_4 = B.\frac{k.(P_1 + P_2 + P_4)}{P} = B.\frac{P - (P_3)}{P}.$$

Et ce serait là manifestement la quantité sur laquelle ces trois classes industrielles auraient à prendre, tout à la fois, et leur aisance sociale, et la cumulation du fonds social qu'elles seules possèdent et qui constitue leur propriété; de sorte qu'en désignant toujours par β la part de l'aisance sociale, elles auraient . . . . (62)

Pour leur aisance sociale, la quantité $= \beta.B.\dfrac{P - (P_3)}{P}$,

Pour la cumulation du fonds social, la quantité $= (1 - \beta)B.\dfrac{P - (P_3)}{P}$.

Or, tant que le travail total (P_3) qu'offre la classe salariée, serait plus petit que le travail constituant la mesure des forces productives P qui seraient employées réellement dans l'actuel exercice de l'industrie sociale, les présentes quantités (62) seraient positives; et les trois autres classes, nommément les classes propriétaires, auraient réellement ces parts quelconques (62), quelque petites qu'elles fussent, pour leur aisance sociale et pour la cumulation du fonds social. Mais, par suite de l'inégale répartition (58) du bénéfice social B, ces trois classes propriétaires auraient à peine, pour leur aisance sociale, une quantité suffisante en faisant $\beta = 1$ dans les expressions (62), ce qui réduirait déjà à zéro toute cumulation ou accroissement du fonds social; tandis que la classe salariée trouverait, dans la troisième des parts (58) de cette inégale répartition du bénéfice social B, une aisance et par conséquent une population croissantes. La quantité du travail (P_3) offerte par la classe salariée augmenterait donc progressivement; tandis que la quantité P du travail mesurant les forces productives qui seraient employées réellement, diminuerait proportionnellement, parce que les trois classes propriétaires seraient forcées, pour subvenir à leur aisance ou seulement à leur existence, de disposer d'une partie du fonds social, c'est-à-dire, d'une partie de ces forces productives P. Il s'ensuivrait nécessairement que la part (61) du bénéfice social qui, sous cette législation de l'exclusive souveraineté du peuple, appartiendrait aux trois classes propriétaires, deviendrait successivement, d'abord, zéro, et ensuite, négative; de sorte que ces trois classes, qui possèdent le fonds social, loin de recevoir une part du bénéfice social, finiraient par être obligées légalement de fournir, de plus en plus, une partie de ce fonds social, c'est-à-dire, une partie de leur propriété, pour former la susdite troisième part de la répartition légale (58) du bénéfice social B, c'est-à-dire, pour subvenir à l'existence et à l'aisance de la classe salariée.

Ainsi, sous la législation de l'exclusive souveraineté nationale, et de son nécessaire corollaire, du droit au travail, le *fonds social*, et par conséquent la *propriété*, finiraient par être détruits, pour être sacrifiés légalement à l'existence et à l'aisance de la classe salariée. — Ce sont là maintenant des vérités mathématiques, et par conséquent aussi irrécusables qu'elles sont infaillibles. Vouloir les éviter en rayant, dans la constitution de l'État, le droit au travail, tout en y inscrivant l'exclusive souveraineté du peuple, ce serait une insigne injustice, car le droit au travail est une immédiate conséquence morale de cette exclusive souveraineté. Aussi, par cette flagrante injustice, donnerait-on alors au peuple souverain, à la place du droit au travail, le *droit à l'insurrection*.

Cette finale et inévitable ruine de la société est donc une conséquence mathématique du principe législatif de l'exclusive souveraineté du peuple. Et observez de plus que, dans ce prétendu ordre légal, rien ne saurait modifier ou atténuer le désordre social; car, la devise de *fraternité*, par laquelle on voudrait y suppléer, n'exprime qu'une *sympathie physique*, qui ne saurait conséquemment devenir l'objet d'une loi coercitive, c'est-à-dire, l'objet d'une *obligation morale*. Aussi, tous les efforts bienveillants du gouvernement, pour atténuer le mal inévitable qui résulterait ainsi de cette législation de l'exclusive souveraineté du peuple, seraient constamment considérés comme des injustices, plus ou moins révoltantes, qui pousseraient finalement à l'insurrection et par conséquent à la destruction de l'État.

§ II. — *Conséquences mathématiques des lois économiques sous le principe législatif de l'exclusive souveraineté morale ou divine* (par la grâce de Dieu).

Avant tout, nous devons apprendre à nos révolutionnaires modernes en quoi consiste cette souveraineté morale ou divine, qu'ils méconnaissent sous le nom de souveraineté *par la grâce de Dieu*; et nous le ferons en leur apprenant en quoi consistent proprement les LOIS MORALES, dont ils paraissent n'avoir aucune idée. — Or, pour nous dispenser ici de toute introduction, que les limites de cet opuscule ne nous permettent pas de produire, nous dirons immédiatement que le caractère distinctif des véritables lois morales consiste dans leur *impératif de soumission*, c'est-à-dire, dans leur *nécessité obligatoire*; tandis que toutes les autres lois qui émanent purement de la volonté humaine, et qui ne sont proprement que des lois pragmatiques, n'ont que le caractère d'une simple *contingence obligatoire*. Comme telles, les lois morales ne sont pas l'ouvrage de l'homme, parce qu'il ne saurait leur attacher l'attribut d'une nécessité obligatoire que dans le seul cas où il connaîtrait le but final et absolu de son existence; but absolu que notoirement il ne connaît pas encore. Tout autre but terrestre, et par conséquent purement relatif à notre vie physique ou animale, par exemple, ce qu'on appelle l'*intérêt bien-entendu*, ne peut attacher aux lois qui conduisent à son obtention, rien de plus qu'une obligation également relative à notre vie physique ou animale, c'est-à-dire, une simple contingence obligatoire. Il s'ensuit que les lois morales qui portent en elles, en caractères ineffaçables, cet impératif de soumission ou cette nécessité obligatoire, et qui, pour cela, ne sauraient être l'ouvrage des hommes, doivent être l'ouvrage de Dieu, du Créateur, qui, connaissant le but final et absolu de l'homme, a dû, à l'insu de l'homme, revêtir les lois destinées à le conduire à ce but absolu, du caractère de l'impératif ou de nécessité obligatoire, afin qu'elles lui servent de guide dans sa marche ou dans son progrès vers son

but final et absolu. — Comme telles, les lois morales, par là même qu'elles
sont divines et surtout absolues, en ce qu'elles ne capitulent avec aucun intérêt
terrestre, sont *hyperphysiques;* et toutes les lois qui, pour conduire l'homme
à la satisfaction d'intérêts terrestres ou *physiques*, émanent de la volonté humaine, doivent être subordonnées aux lois morales, afin d'en recevoir, autant
que possible, une sanction morale, c'est-à-dire, le caractère d'impératif ou
de nécessité obligatoire. Et c'est ainsi que les lois morales forment, dans la
constitution des États, la *souveraineté morale ou divine*, et qu'elles y deviennent la vraie et l'unique condition de l'*autorité politique*. Aussi, dans tous les
États existants, n'importe quelle soit la forme de leurs gouvernements, monarchique ou républicaine, l'autorité suprême y est fondée nécessairement sur
cette souveraineté morale ou divine, parce que, comme nous venons de le
voir, cette autorité suprême, pour revêtir ses décrets du caractère d'impératif
de soumission ou de nécessité obligatoire, ne saurait se fonder sur rien autre.
Lors même que, par malentendu, surtout par suite de l'abus despotique de
cette souveraineté morale ou divine, sous le nom de souveraineté par la grâce
de Dieu, et sous l'influence parfois perversive du clergé, lors même, disons-
nous, que, pour repousser ce dangereux abus, quelques gouvernements modernes ne veulent pas avouer ouvertement la souveraineté morale ou divine,
cette unique base de leur autorité politique, en niant son origine de par la
grâce de Dieu, tous ces gouvernements reposent tacitement et nécessairement
leur autorité suprême sur cette souveraineté morale ou divine, parce que, sans
cette base, ils n'auraient absolument aucune autorité et seraient forcés de succomber sous le principe de l'exclusive souveraineté du peuple. Par exemple,
lorsque l'Assemblée nationale de France repoussa le susdit discours que M.
Proudhon lui proféra le 31 juillet dernier, discours qui, comme nous venons
de l'apprendre dans le paragraphe précédent, était parfaitement conforme au
principe de l'exclusive souveraineté du peuple, cette illustre Assemblée n'a pu,
en repoussant ce discours, puiser son autorité politique dans rien autre que
dans la moralité, c'est-à-dire, dans la tacite souveraineté morale ou divine,
qui, malgré tout, est l'unique base de l'autorité suprême de cette puissante
Assemblée. — Ainsi, et quoi que l'on puisse prétendre, cette souveraineté morale ou divine, comme condition absolue (*sine quâ non*) de l'autorité politique, est nécessairement un des éléments primordiaux, avoué ou non-avoué,
de la constitution des États. — Malheureusement, tout comme il y a aujour-
d'hui des gouvernements qui désavouent cette souveraineté morale ou divine,
sous le nom de souveraineté par la grâce de Dieu, il y en avait, et il en
existe encore qui désavouent la souveraineté nationale ou humaine, sous le
nom de souveraineté du peuple, et qui n'admettent que la seule souveraineté
par la grâce de Dieu. Et c'est pour ces gouvernements qui excluent ainsi, de
la constitution de l'État, la souveraineté du peuple, que nous allons mainte-

nant examiner les conséquences mathématiques des lois économiques sous ce
principe de l'exclusive souveraineté morale ou divine, de celle que l'on nomme
par la grâce de Dieu.

Or, en n'admettant ainsi, pour la direction des intérêts humains, rien autre
que les lois morales, considérées expressément comme lois divines, il est manifeste que les susdites lois économiques (32) et (33) de la répartition du bénéfice social B, lois qui, comme nous l'avons reconnu, appartiennent purement
à l'ordre physique du monde, et sont ainsi l'ouvrage immédiat du Créateur, il
est manifeste, disons-nous, que ces lois économiques (32) et (33), comme lois
divines, sont alors rangées immédiatement dans la classe des lois morales, dépendant de cette exclusive souveraineté par la grâce de Dieu, que nous supposons ici. Et alors, la stricte observation de ces lois économiques (32) et (33),
malgré les souffrances qu'elles peuvent entraîner pour la classe salariée, devient légalement un des principes fondamentaux de la constitution des États
dans lesquels domine le principe de l'exclusive souveraineté morale ou divine.
Ces souffrances de la classe salariée, en un mot, la misère du peuple, qui
sont les conséquences inévitables des lois économiques et pourtant divines (32)
et (33), sont alors considérées comme ces calamités de l'espèce humaine qu'il
a plu à Dieu de suspendre sur l'homme.

Aussi, cette misère du peuple, ces souffrances de la classe salariée, sont-
elles traitées, par la politique de l'exclusive souveraineté morale ou divine,
absolument de même que les autres calamités de l'espèce humaine. C'est, en
effet, à l'influence religieuse, sous la devise de CHARITÉ, comme émanant aussi
de la volonté divine, que cette exclusive politique par la grâce de Dieu abandonne le redressement de ces misères et souffrances du peuple, comme elle
abandonne à cette haute influence le redressement de toutes les autres calamités de notre espèce. Et l'on conçoit facilement, même à priori, si l'expérience ne nous l'apprenait déjà, que les plus nombreuses et les meilleures institutions charitables ne suffisent pas pour faire cesser la misère du peuple et
pour soulager complètement les souffrances de la classe salariée, parce que les
obligations purement religieuses de la charité ne sont pas plus coercitives que
les susdites obligations purement sympathiques de la fraternité.

§ III. — *Conséquences mathématiques des lois économiques sous le principe législatif de l'identification de la souveraineté nationale ou humaine avec la
souveraineté morale ou divine, par le moyen de la souveraineté rationnelle
ou absolue.*

Dans cette identification finale des deux souverainetés primordiales, humaine
et divine, qui a été pressentie vaguement par Napoléon, et qui doit nécessairement, par le moyen de la souveraineté fondamentale, rationnelle et absolue,

conduire définitivement à la vraie constitution des États, les excentricités économiques que nous venons de reconnaître dans les deux paragraphes précédents,
savoir, d'une part, sous le principe exclusif de la souveraineté du peuple, la
ruine des propriétaires et la destruction finale de l'ordre économique de la société, et de l'autre part, sous le principe exclusif de la souveraineté par la
grâce de Dieu, les souffrances de la classe salariée et la perpétuelle misère du
peuple, ces fatales excentricités économiques, disons-nous, doivent ici disparaître complétement, puisque, dans cette identification des deux principes exclusifs et opposés, ces deux principes, et par conséquent leurs seuls avantages
respectifs, doivent subsister nécessairement. Quant à leurs désavantages respectifs, ils doivent effectivement disparaître dans l'identification dont il s'agit,
parce qu'ils sont exclus réciproquement par les principes opposés qui se trouvent identifiés ainsi. — Mais, il ne faut pas confondre cette identification
finale avec la simple combinaison des deux principes exclusifs dont il est question. Cette simple combinaison est encore l'objet des gouvernements constitu-
tionnels, dans les monarchies et même tacitement dans les républiques, de ces
gouvernements qui, lorsqu'ils veulent légalement se placer dans un juste-milieu
entre les deux principes combinés ainsi, arrêtent le développement de l'un et
de l'autre de ces principes, et conduisent ainsi à des révolutions, dans lesquelles recommence perpétuellement la domination alternative de chacun de ces
principes exclusifs. — L'identification dont il s'agit, et à laquelle il faudra parvenir pour mettre fin à ces incessantes révolutions, est donc l'objet du BUT
SUPRÊME des États, de ce but problématique qui, jusqu'à ce jour, demeure inconnu, mais qui déjà, dans l'état actuel de la civilisation, est demandé universellement. C'est en effet la découverte de ce but suprême des États qui
provoque aujourd'hui, surtout en France, ces tourmentes politiques qui constituent l'actuelle et sinistre confusion intellectuelle du monde civilisé.

Nous regrettons de n'avoir pas assez d'espace, dans cet opuscule, pour dévoiler ici immédiatement ce mystérieux but suprême des États. Mais, ceux à
qui il importera de le connaître, pourront bien nous le demander; et nous
nous engageons ici formellement à le leur faire connaître alors, dans tous ses
principes, et dans toutes ses conséquences. Peut-être même serait-il prématuré
de dévoiler ce but suprême des États avant qu'on ressente bien la nécessité
de le connaître, et par conséquent avant que, ne pouvant le découvrir, on se
décide à le demander ouvertement. Tout ce que nous pouvons et devons faire
ici, c'est de donner aux hommes d'État qui sont intéressés à cette grave re-
cherche, le critérium pour juger du progrès et du succès de leurs travaux.
— Or, ce critérium consiste tout simplement en ce que, après avoir découvert
ce décisif but suprême des États, par la susdite identification problématique des
deux souverainetés primordiales, humaine et divine, les hommes d'État puissent,
en appliquant ce but suprême à nos présentes lois mathématiques de l'économie

sociale, nommément aux lois (32) et (33) de la répartition du bénéfice social, comme nous l'avons fait dans les deux paragraphes précédents, pour chacune séparément de ces deux souverainetés primordiales, en ce que, disons-nous, les hommes d'État puissent, par cette application mathématique, déduire légalement des conséquences économiques telles que, d'une part, les trois classes propriétaires soient garanties dans leur libre accroissement du fonds social, et que, de l'autre part, les souffrances de la classe salariée, et par conséquent la misère du peuple, cessent enfin sur la terre, comme le demandent hautement les destinées finales et même déjà les destinées actuelles de l'humanité.

Nos regrets de ne pouvoir, d'une manière conforme à ce décisif critérium, dévoiler ici immédiatement le correspondant et si salutaire but suprême des États, se trouvent tempérés par la pensée que, dans le cas où les hommes d'État, qui y sont appelés en premier lieu, ne sauraient le découvrir, l'Académie des sciences morales et politiques de Paris, en se servant des lois mathématiques que nous venons de donner à l'économie sociale, et en s'aidant, au besoin, des lumières de l'Académie des sciences physiques et mathématiques de Paris, ne manquera pas, pour répondre au susdit appel éclairé du Chef du gouvernement, de faire connaître au monde ce problématique but suprême des États qui, comme on vient de le voir, doit maintenant décider du sort de la France, et peut-être de celui du monde civilisé tout entier. — C'est une belle et peut-être unique occasion pour ces deux illustres Académies de Paris, de prouver ainsi irréfragablement à la France, et à l'Europe entière, leur haute utilité, et par conséquent leur droit au privilège du savoir, en produisant, dans ce périlleux moment, le salut du monde, lorsque tous les autres hommes ne peuvent le faire.

Et c'est ainsi, en effet, et seulement ainsi que ces savantes Académies répondront dignement à l'appel aussi noble qu'éclairé du général Cavaignac. — Ce n'est pas surtout par des homélies religieuses, produites sous le nom de *philosophie populaire*, que l'on parviendra à arrêter le désordre révolutionnaire en France. Ce sont précisément ces prétendues philosophies populaires qui ont causé et qui causent encore, dans ce pays, l'effroyable confusion intellectuelle, philosophique, morale, politique et religieuse, qui y domine et qui, à son tour, y cause les révolutions. Lors même que ces prétendues philosophies populaires ne contiennent rien autre que de simples vérités religieuses, comme l'est celle que vient de produire M. Cousin (Voyez le *Constitutionnel* du 28 août) en réponse à la demande du général Cavaignac, et qui en effet ne contient pas une seule vérité philosophique, il est dangereux de confondre ainsi, aux yeux du peuple, la religion avec la philosophie. Laissez aux ministres de la religion la haute fonction de répandre, dans toute leur pureté, les vérités révélées ou divines, et ne les souillez pas par de profanes travestissements que vous faites dériver du simple bon-sens, c'est-à-dire, de la vie physique ou animale de l'homme, et qui altèrent ainsi, tout à la fois, et le caractère sacré de ces vérités religieuses, et le caractère absolu de leurs déductions philosophiques. S'il y avait besoin de confirmation, ce serait précisément cette prétendue philosophie populaire de M. Cousin qui prouverait que, pour faire cesser le désordre révolutionnaire en France, ce n'est pas le peuple, mais bien les soi-disant philosophes qu'il faut éclairer dans ce pays, si illustre à tous autres égards.

Aussi, une gloire immense est-elle réservée au général Cavaignac pour avoir provoqué en France, en quelque sorte légalement, ces productions philosophiques qui doivent maintenant détruire le principe du désordre révolutionnaire, de ce sinistre désordre, issu de la France, et répandu actuellement dans tout le monde civilisé. Déjà la victoire remportée sur l'insurrection de juin, comme exemplaire pour le monde et comme propre à produire la trève dans laquelle la vérité pourra triompher, est-elle inscrite, en caractères de gratitude, dans le grand livre de l'histoire de l'humanité. Mais, il manquait, pour accomplir cette glorieuse auréole, la profonde conception que, pour anéantir complétement le mal moral, il faut le frapper dans sa racine intellectuelle; et cette conception, peu attendue de la part d'un vainqueur, au milieu de son triomphe, est encore l'ouvrage du général Cavaignac.

Ce qui augmentera ainsi la reconnaissance que le monde doit à cet illustre général, c'est la preuve authentique qu'amènera le résultat certain de ces productions philosophiques, si noblement provoquées. En effet, ce résultat certain, que nous connaissons d'avance, et qu'il est de notre devoir de signaler, consistera immanquablement en ce que toutes ces productions, philosophiques ou plutôt purement littéraires, telles que les a provoquées le général Cavaignac, loin d'atteindre et de frapper le principe de l'actuel désordre révolutionnaire, produiront au contraire, par leur inhérente et inséparable confusion intellectuelle, une complication encore plus inextricable dans ce sinistre désordre révolutionnaire qui domine le monde civilisé. Il s'ensuivra alors, contre l'attente du général Cavaignac, mais toutefois comme étant son ouvrage, la preuve authentique, obtenue ainsi par sa noble provocation, de ce qu'il n'existe pas en France, même dans les institutions académiques, de véritables lumières philosophiques, propres à éclairer la nation, et surtout de ce que c'est au manque de ces lumières qu'il faut attribuer les incessantes tendances révolutionnaires de ce glorieux pays. Et cette preuve authentique qu'il importera essentiellement à la France d'avoir un jour, deviendra alors, par la certitude d'un mal infini, le motif d'une nouvelle et salutaire direction, pour le moins le motif de la suppression du dangereux droit académique au privilége du savoir, et par là même un nouveau titre de reconnaissance envers l'illustre général qui, par sa noble intention, aura amené cette preuve décisive.

Et remarquez bien, nous vous en prions très-expressément, que rien autre

6.

qu'un résultat contraire à celui que nous venons de signaler, ne pourra donner un démenti à notre présente conclusion, à cette conclusion que par devoir, pour le bien de la France et de toute l'humanité, nous sommes forcés de proclamer. Toute autre dénégation prématurée décèlerait manifestement, dans le cas présent, des intentions hostiles au triomphe de la vérité; et malheureusement, elle recevrait elle-même un terrible démenti par ce résultat funeste et immanquable que nous venons de signaler.

Que l'on ne s'imagine pas toutefois que, dans cette sévère manifestation de la vérité, quelque utile qu'elle soit, il puisse y avoir la moindre atteinte à la gloire nationale. — Ce serait une grande erreur. — La gloire de la France est au-dessus de toute atteinte. Et ce n'est pas surtout le manque d'études chez les hommes chargés des fonctions d'éclairer la nation, qui pourrait ternir l'éclat de cette gloire. — Voulez-vous connaître bien la position actuelle et peut-être incomparable de la France, de laquelle émane sa gloire, lisez l'Introduction dans nos *Prolégomènes du Messianisme*, où nous avons établi didactiquement cette haute position, de manière à pouvoir prétendre que nous sommes les seuls qui l'avons comprise dans toute son étendue, dans ses principes premiers et dans ses conséquences indéfinies. Lisez bien cette Introduction, et vous verrez en effet que vous n'avez pas encore l'idée de toute la grandeur des destinées de la France. — Aussi, en revendiquant la priorité de cette découverte, avons-nous peut-être le droit de dire toute la vérité dans ce qui concerne le bien et le mal qui, par l'initiative de la France, peut résulter pour le monde, sans même tenir compte du devoir que nous avons de dire, dans cette grande crise de l'humanité, toute la vérité que Dieu nous a permis de découvrir.

POST-SCRIPTUM. — Considérant l'extrême gravité qui, non-seulement en France, mais dans toute l'Europe civilisée, se trouve maintenant attachée à la question de la misère du peuple, nommément à la question économique des fatales conditions actuelles des ouvriers ou de la classe salariée de la société, et considérant de plus que les moyens connus, soit par la sympathie physique de la fraternité, soit par l'obligation religieuse de la charité, sont absolument insuffisants pour atténuer cette extrême gravité, dont les sinistres conséquences sont d'ailleurs inévitables, nous devons, en profitant de l'espace qui nous reste ici, et ne pouvant nous-mêmes nous immiscer dans cette flagrante question politique, indiquer au moins, aux hommes qui ont la mission publique de résoudre cette question, les moyens mathématiques qui faciliteront cette urgente solution, de laquelle dépend aujourd'hui le salut matériel du monde civilisé. — Pour cela, nous devons prévenir que, lorsque, par la susdite identification des deux souverainetés primordiales, humaine et divine, on sera parvenu à découvrir le but suprême des États, que l'on cherche aujourd'hui avec de si périlleuses violences, et lorsqu'on l'aura appliqué à nos présentes lois mathématiques (32) ou (33) de l'économie sociale, pour en déduire les nouvelles et favorables conditions légales de la classe salariée, il faudra, dans chacune des susdites quatre classes fondamentales de l'industrie sociale, pour lesquelles nous avons présenté l'exemple (39), séparer la portion salariée; et l'on aura ainsi, au lieu de quatre classes, huit classes fondamentales dans l'industrie sociale, dont les quatre *principales* seront toujours les quatre classes originaires, savoir, les classes de l'industrie d'exploitation, de l'industrie commerciale, de l'industrie d'objets de besoin, et de l'industrie d'objets d'art, et dont les quatre *accessoires* seront les quatre classes de salariés, correspondant respectivement à chacune des quatre classes principales qui seront exclusivement les possesseurs et les propriétaires du fonds social; tandis que les quatre classes accessoires seront alors, tout aussi exclusivement, les possesseurs et les propriétaires du travail brut de l'homme, c'est-à-dire, du travail strictement dit dans l'ordre économique de la société.

Dans l'application générale (39) des lois (31) et (32), nous avons provisoirement, pour simplifier la question, réuni ces portions salariées avec les portions du fonds social dans chacune de nos susdites quatre classes fondamentales (39) de l'industrie sociale; et nous nous sommes bornés à considérer la troisième de ces classes, celle de l'industrie d'objets de besoin, comme étant principalement la classe des salariés, à cause que le travail brut de l'homme y forme l'agent principal. Et alors, dans la répartition (42) du bénéfice social, nous rapportions respectivement aux trois autres classes, nommément, à la première, à la deuxième, et à la quatrième, tout ce qu'il peut y avoir de propriétés foncières, de capitaux, et de travail cultivé de l'homme dans cette troisième classe fondamentale. — Mais, pour la solution rigoureuse de cette répartition du bénéfice social, surtout dans l'application en question du but suprême des États, lorsqu'il sera découvert, il faudra, comme nous venons de le dire, séparer les portions salariées dans chacune de ces quatre classes originaires, et établir ainsi huit classes fondamentales et essentiellement distinctes dans l'industrie sociale. Et l'on aura alors, d'après nos lois générales (31) et (32), pour la répartition du bénéfice social B entre ces huit classes fondamentales, les lois spéciales qui serviront, avec facilité, pour la grande et rigoureuse solution économique dont il est question, pour cette solution qui, par l'application du but suprême des États, doit conduire à ces conditions mathématiques et légales sous lesquelles se trouveront garantis les droits des propriétaires, c'est-à-dire, des possesseurs des quatre classes du fonds social, et sous lesquelles de plus les ouvriers, dans les quatre classes salariées, trouveront, sans léser les propriétaires, les rétributions nécessaires pour faire cesser définitivement leur longue misère.

Il ne restera donc qu'à découvrir ce problématique but suprême des États, pour lequel le monde civilisé est aujourd'hui en révolution permanente, c'est-à-dire, en révolution qui ne cessera qu'après cette découverte décisive. En effet, ce n'est qu'alors, en appliquant nos susdites lois mathématiques à ce but suprême des États, lorsqu'il sera connu, que l'on parviendra, et même facilement, à ces conditions mathématiques et légales qui, sous le point de vue de l'économie sociale, doivent enfin donner une juste et agréable satisfaction à toutes les classes de la société, et doivent ainsi réaliser cet idéal économique après lequel courent aujourd'hui, et courraient en vain éternellement, les chimériques sciences socialistiques.

Nous réitérons donc l'offre que nous faisons plus haut, celle de donner, rigoureusement et complètement, la solution de cette grande question, tout à la fois, politique et économique, cette solution dont l'urgence, dans les conditions actuelles et de plus en plus aggravantes de la société, est égale à la gravité de la question elle-même. Et nous prions de croire que nous connaissons parfaitement toute l'étendue de l'engagement que nous prenons de donner cette solution difficile, ou plutôt cette solution qui, sans les vérités supérieures que nous découvrons dans la réforme du savoir humain, est impossible aujourd'hui. — Nous n'avons pas besoin, après la noble déclaration et la susdite provocation éclairée du général Cavaignac, d'ajouter ici que, tant que cette grande solution ne sera pas donnée aux hommes, la force des armes ne suffira pas pour rétablir l'ordre dans le monde civilisé. Mais nous pourrions déjà manifester l'espérance du triomphe définitif de la science, en nous rappelant les remarquables paroles que Napoléon adressa au grand-maître de l'Université, paroles que voici : « Ce que j'admire le plus dans le monde, c'est l'impuissance de la force de rien fonder. Il n'y a que deux puissances dans le monde : le sabre et l'esprit; et à la longue, le sabre est toujours vaincu par l'esprit. » Nous pourrions déjà, disons-nous, manifester cette haute espérance du triomphe de la science, si nous savions quand pourra enfin paraître cet esprit vainqueur des révolutions, qui, malgré sa toute-puissance, est forcé de demeurer invisible! — Serions-nous donc déjà arrivés à ce terme de la civilisation, auquel, malgré des rapports positifs, le génie même de Napoléon ne voulait pas croire, à ce terme fatal où, par l'influence mystérieuse qui domine le monde, le sabre seul doit accomplir, non pas les destinées de l'homme, mais leur destruction!

FIN.

PÉTITION

A L'ASSEMBLÉE NATIONALE DE FRANCE,

CONCERNANT LA RÉFORME SCIENTIFIQUE DE LA LOCOMOTION

PRÉSENTÉE AU CONSEIL GÉNÉRAL

DES PONTS ET CHAUSSÉES DE FRANCE.

CITOYENS REPRÉSENTANTS,

A la fin des tomes I et III de la *Réforme du Savoir humain*, nous avons produit tous les détails de cette remarquable affaire, qui complète la preuve de l'assertion qu'a faite Hobbes « que, parmi les peuples civilisés, même les vérités mathématiques peuvent être détruites publiquement. »

En effet, par une complète théorie mathématique de cette réforme de la locomotion, il s'agissait de faire reconnaître au Conseil général des Ponts et Chaussées « qu'il y aurait désormais d'un ou l'autre, une profonde ignorance ou « une profonde immoralité, à vouloir persister dans la fausse locomotion que « l'on pratique aujourd'hui sur les chemins de fer. » Et l'administration des Ponts et Chaussées du gouvernement déchu, après quatre années de retards et de manœuvres, a préféré se compromettre par une déclaration, pour le moins absurde, plutôt que d'avouer qu'il y aurait *une profonde ignorance* ou une *profonde immoralité*, à continuer son actuelle gestion des chemins de fer.

Cette déclaration, pour le moins absurde, par laquelle le savant Conseil général des Ponts et Chaussées a voulu ainsi terminer cette grave affaire de la réforme de la locomotion, se réduit à affirmer que les lois mathématiques des mouvements qui, sous toutes les conditions, s'exécutent sur les chemins de fer, formant la grande *industrie* de la civilisation moderne, ne sont pas une application *industrielle* de la théorie qui, dans notre réforme de la locomotion, découvre enfin ces lois, demeurées inconnues jusqu'à ce jour, ces lois surtout de la connaissance desquelles, d'après le considérant de la sentence judiciaire sur la catastrophe de Fampoux, dépend la sûreté des chemins de fer, c'est-à-dire, la vie et la fortune des hommes qui s'y exposent. — Ainsi donc, les lois mathématiques qui régissent cette *grande industrie moderne*, et qui en garantissent la sûreté, ne sont pas une *application industrielle* de la théorie qui découvre ces difficiles lois! Voilà comment, en voulant ainsi porter atteinte à la vérité, et par suite à la conclusion de cette réforme mathématique de la locomotion, si profitable à l'humanité, le Conseil général des Ponts et Chaussées de France, du moins son administration sous le gouvernement déchu, a cru pouvoir, par cette déclaration absurde, échapper à la susdite vérité mathématique qu'il y aurait une *profonde immoralité* ou une *profonde ignorance* à continuer son actuelle gestion des chemins de fer.

Toutefois, comme nous l'avons déjà dit à la fin du tome III de la *Réforme du Savoir humain*, nous n'attribuons pas cette manœuvre à l'envie coupable qu'auraient eue ces Messieurs de détruire ou du moins d'empêcher la production d'une nouvelle branche d'industrie, utile à la France et à toute l'humanité. Nous l'attribuons principalement, d'après la conviction que nous en avons acquise, à ce qu'il n'existe pas aujourd'hui, dans le Conseil des Ponts et Chaussées, des connaissances mathématiques suffisantes, non-seulement pour approfondir la théorie de la réforme de la locomotion, qui leur a été soumise, mais même pas pour en tirer une idée de sa haute utilité industrielle. En effet, Messieurs les Commissaires avouent très-naïvement que l'auteur leur a donné des *explications orales*, c'est-à-dire, puisque la théorie était écrite et même imprimée, ils avouent que l'auteur leur a donné des leçons de mathématiques, nous dirons même des leçons très-élémentaires, auxquelles ils répondaient qu'à leur âge, ayant oublié les mathématiques, ils avaient de la peine à s'y remettre. Et ce sont précisément ces mêmes hommes qui, par la susdite déclaration absurde, croyaient pouvoir renverser la vaste entreprise, tout à la fois, scientifique et industrielle, de la réforme de la locomotion, de cette réforme qui les accuse d'*ignorance* ou d'*immoralité* dans la continuation de la gestion actuelle des chemins de fer !

Au reste, pour rendre valide l'assertion absurde que la découverte des lois mathématiques qui régissent les *mouvements industriels* sur les chemins de fer, n'est pas une *application industrielle* de notre théorie de la réforme de la locomotion, de cette théorie scientifique que, pour le jugement du public, nous avons reproduite à la fin du tome I de notre *Réforme du Savoir humain*, il faut que le Conseil général des Ponts et Chaussées de France prouve que nos lois mathématiques des chemins de fer sont fausses, en donnant cette preuve, soit par la science, soit au moins par l'expérience, s'il n'a pas la science nécessaire pour le faire. Et il faut absolument qu'il le prouve ainsi ; car, sans la connaissance de ces lois décisives, qui sont les seules que la science et l'industrie possèdent enfin aujourd'hui, et qui les éclairent et garantissent la construction et la sûreté des chemins de fer, ce Conseil général n'a plus, aux yeux des ingénieurs et du monde savant, le droit scientifique de se mêler de la gestion des chemins de fer, ni par conséquent le droit de prononcer légalement sur ce qui concerne la réforme de ces voies métalliques.

Je suis, au nom de mes associés, avec respect,

CITOYENS REPRÉSENTANTS,

Votre très-humble et très-obéissant serviteur,

HOËNÉ WRONSKI.

Paris, le 15 août 1848.

www.ingramcontent.com/pod-product-compliance
Lightning Source LLC
Chambersburg PA
CBHW072017290326
41934CB00009BA/2108